RÉFUTATION,

ARTICLE PAR ARTICLE,

DU RAPPORT A LA CONVENTION NATIONALE

SUR LA MISE EN ACCUSATION

de

Joseph LE BON.

PAR SON FILS EMILE LE BON,

Juge au Tribunal de première instance de Chalon-sur-Saône.

CHALON-SUR-SAÔNE,

IMPRIMERIE ET LITHOGRAPHIE DE J. DEJUSSIEU.

—

1855.

C'est ici le dernier complément de mon travail publié en 1845; quelque répugnance que j'éprouvasse, en effet, à me rendre moi-même le reproducteur des calomnies forgées contre mon père par Guffroy et la Réaction thermidorienne, j'ai dû reconnaître que ma tâche serait trop imparfaitement remplie, tant que je n'aurais pas répondu, au moins, à toutes celles que la *Commission des vingt-et-un* a cru devoir recueillir, et qu'elle a, en quelque sorte, consacrées par son Rapport.

Pour ce qui est des faits imprimés et publiés en dehors de ce Rapport, on conçoit que je ne puis ni ne dois m'y arrêter, et l'omission même qu'en a faite la Commission en est la réfutation la plus péremptoire ; certes, elle ne s'est montrée difficile ni sur les preuves, ni sur les vraisemblances, ni sur la nature des inculpations qu'elle a admises; elle avait tout sous les yeux; pendant plus d'une année qui s'est écoulée entre l'arrestation de mon père et le

Rapport, tous les documents à charge avaient été recueillis, recherchés, provoqués, et elle-même se targue d'avoir eu 2,900 pièces à analyser!... Qu'on juge par les faits qu'elle a choisis pour baser son accusation, de la valeur de ceux qu'elle a cru devoir négliger.

Mais ce qui ressort du Rapport et sur quoi il importe surtout d'appeler l'attention, c'est que, des trente à quarante personnes qu'on y représente comme ayant été *assassinées* par mon père, il n'en est pas une qui n'ait été *jugée*... et jugée sur des imputations *précises, qualifiées crimes* par la loi; sur des imputations dont la réalité est encore avérée aujourd'hui. Il n'y a eu ni exécutions en masse sans jugement, ni noyades, ni fusillades; il n'y a même pas eu (on a vainement essayé de le donner à croire), il n'y a eu, de la part de mon père, au moins, aucune passion privée, soit haine, soit vénalité ou immoralité quelconque; il n'y a eu que le Gouvernement révolutionnaire dans sa plus stricte légalité.

Aussi, avant le 9 thermidor, la première dénonciation de Guffroy avait-elle été, *après enquête et examen*, repoussée tout à la fois, et par le Comité de salut public et par la Convention, qui avaient maintenu mon père à son poste.

On a dit que le Comité de salut public et la Convention n'avaient garde, avant le 9 thermidor, de désavouer ou de blâmer leurs Commissaires; c'est une erreur : ils les rappelaient de mission toutes les fois que les plaintes portées contre eux leur paraissaient fondées, et c'est ainsi qu'avaient été successivement rappelés Tallien et Ysabeau, Barras et Fréron, et Carrier, et Fouché, et Javoques, et Collot d'Herbois lui-même (1).

Reste donc, et uniquement, le Gouvernement révolutionnaire..... Ah! déplorons, déplorons éternellement que la France, que notre malheureuse patrie ait été amenée à cette affreuse extrémité!.....

Mais enfin le mal venait de plus loin....

Il semblerait, à la manière dont on parle de cette époque, que c'est en elle exclusivement que se sont manifestés, que se concentrent tous les malheurs, tous les excès, tous les aveuglements et tous les crimes de la Révolution; on sait très-bien qu'il n'en est rien, et que le Gouvernement révolutionnaire, venu seulement après quatre années d'anarchie, en a été tout à la fois et le produit, et l'affreux mais unique et nécessaire remède.

Eh quoi donc! Est-ce le Gouvernement révolutionnaire qui, dès **1789**, avait inauguré la justice de *la lanterne* avec *son Procureur-général?* Est-ce lui qui, quelques mois plus tard, avait organisé par toute la

---

(1) Il y a sur ce point au procès même de mon père, la déclaration formelle du Comité de salut public; voici ce que Barère disait dans son rapport du 21 messidor an II : « Un de vos décrets porte que toutes » les réclamations élevées contre les Représentants, doivent être jugées » dans le Comité. C'est ce qu'il a fait jusqu'ici ; et, après avoir entendu » les plaintes et les réponses des Représentants, *il les a rappelés ou* » *maintenus*, il les a renvoyées ou soutenues. »

France le pillage et l'incendie des châteaux ?.... qui avait déchainé sur le pays et couvert d'une protection si persistante et si obstinée cette étrange *liberté*..... en vertu de laquelle Marat ou tout autre pouvait impunément, chaque jour, appeler le peuple à l'insurrection, provoquant « l'érection de huit cents potences » pour y pendre les ministériels de l'Assemblée et le Maire, et le Général, etc., etc. ? (1) » Est-ce le Gouvernement révolutionnaire qui avait mis la propriété en question en portant la main sur les biens du Clergé et sur les droits féodaux, au mépris des titres et de

---

(1) On ne nomme habituellement que Marat, dont on aime à faire une sorte de bouc émissaire de l'époque ; mais les journalistes d'un ordre plus relevé ne reculaient pas plus que lui, à l'occasion, devant la provocation à l'assassinat. Voici ce que Camille Desmoulins imprimait, sans être inquiété le moins du monde, après le fameux décret *du marc d'argent* (décembre 1789) : « Il y a dans l'Assemblée nationale 600
» membres *qui n'ont pas plus de droit d'y voter que moi. Sans doute il*
» faut que le Clergé et la Noblesse aient le même nombre de Représen-
» tants que le reste des citoyens, un pour vingt mille ; le dénombrement
» du Clergé et de la Noblesse s'élève à 300,000 individus, *c'est donc*
» *quinze Représentants à choisir parmi les 600; il me paraît plus clair*
» *que le jour que tout le reste est sans qualité pour opiner, et qu'il*
» *faut le renvoyer dans la galerie. . . . . . . , ...*
» . . . .
» Si, au sortir de la séance, les dix millions de Français non éligibles
» et *leurs représentants à Paris, les gens du faubourg Saint-Antoine, etc.,*
» *s'étaient jetés sur les sieurs Renaud de Saintes, Maury, Malouet*
» *et compagnie*, s'ils leur avaient dit : Vous venez de nous retrancher
» de la société, parce que vous étiez les plus forts dans la salle, *nous*
» *venons vous retrancher, à notre tour, du nombre des vivants*, parce
» que nous sommes les plus forts dans la rue ; *vous nous avez tués*
» *civilement, nous vous tuons physiquement* ; je le demande à Maury,
» qui ne raisonne pas mal quand il veut, *le Peuple eût-il fait une in-*
» *justice ?* » (RÉVOLUTIONS DE FRANCE ET DE BRABANT.)

la consécration des siècles? (1) Avait-il donc soulevé les insurrections du Jeu-de-Paume, du 14 juillet, des 5 et 6 octobre, du 20 juin, du 10 août? Avait-il versé le sang du massacre de *la Glacière,* à Avignon, et celui des massacres des prisons, en septembre 92, massacres qui, dans Paris même, s'exécutèrent pendant six jours, sous les yeux de l'Autorité impuissante à les arrêter comme à les réprimer !

Voilà, on devrait moins le perdre de vue, ce qui avait précédé, en France, le Gouvernement révolutionnaire ; voilà à quel degré le peuple en était arrivé de l'oubli de toute autorité, de tous droits et de toute justice... du mépris de la vie et du sang des citoyens... Et s'il était impossible, d'une part, que ses nouveaux chefs, sortis de son sein, fussent eux-mêmes entièrement exempts des passions et de l'aveuglement dont ces quatre années de subversion universelle l'avaient rempli, on conçoit qu'il n'était pas moins impossible ; d'ailleurs, que la direction, que le maniement d'un pareil peuple s'exerçassent en dehors des procédés de violence et d'arbitraire qui, seuls à cette époque, savaient forcer les actions ainsi que les volontés.

Et cependant, il fallait défendre la France... ; il fallait, pour empêcher son démembrement, son anéantissement peut-être, soulever, centraliser, diriger

---

(1) Ai-je besoin de dire que je réunis ici sans les confondre dans la même appréciation des faits dont plusieurs n'ont de rapport entre eux que par la place qu'ils occupent tous dans la marche et le développement de la Révolution ?

l'effort suprême de ses enfants contre l'effort de l'Europe... Qu'on dise quels autres hommes, quel autre gouvernement eût pareillement atteint le but.

On ne l'essaie même pas (1).

(1) On ne l'essaie pas ; mais, réduit au silence sur ce point, on se retranche à soutenir que ce n'est pas en vue de la guerre qu'existait et qu'avait été établi le Gouvernement révolutionnaire ; que c'était en vue de théories anti-sociales dont on prétendait assurer le triomphe par les échafauds.... C'est encore là un *mot d'ordre* des adversaires de la Révolution à l'adresse des masses qui ignorent et ne peuvent discuter les détails de cette Révolution. Mais écoutons parler ces mêmes hommes entre eux, et nous verrons si c'est ainsi qu'ils envisageaient et appréciaient le Gouvernement révolutionnaire au moment où ils avaient à le combattre. Voici ce qu'en disait, dans un rapport adressé au mois de novembre 1793, à Lord Elgin et à M. le Comte de Mercy, l'agent accrédité de Louis XVI et de Louis XVIII, Mallet du Pan :

« On ne peut s'imaginer communément qu'un gouvernement dure au
» milieu de tant de violences et de tant de crimes ; mais c'est faute
» de n'avoir pas assez consulté l'histoire des nations. Qu'on ne s'y
» méprenne pas, les atrocités sont la marche *passagère mais inévitable*
» d'un pays qui a déplacé tous les anciens pouvoirs, toutes les an-
« ciennes institutions, et qui a besoin de la violence pour vaincre
» toutes les résistances qu'il éprouve, et de la terreur, pour prévenir
» toutes les résistances qu'il craint. Ainsi, la France tout entière
» étant, pour ainsi dire, en état de siège et en présence d'une foule
» de divisions intestines qui la menacent, qu'importe aux chefs qui la
» conduisent d'être barbares, s'ils sont prudents ? Or, c'est une grande et
» terrible mesure de prudence d'avoir su se mettre au-dessus de toutes
» les formes, et d'avoir employé à l'égard de tout leur sol les mesures
» qui se pratiquent dans un vaisseau en péril ou dans une ville
» assiégée. » (MÉMOIRES ET CORRESPONDANCE de Mallet du Pan, pour servir à l'Histoire de la Révolution française, recueillis et mis en ordre par A. Sayous, 1851.)

Nous ferons, quant à nous, une seule observation sur cette citation, c'est que ce qui était *crimes* aux yeux de ces personnages, pour qui la Révolution elle-même était le premier et le plus grand crime, n'avait pas le même caractère aux yeux de ceux qui, engagés dans cette Révolution, agissaient avec aveuglement, avec fureur si l'on veut, mais *dans l'exaspération d'une défense désespérée*, sous l'impression toujours présente des menaces du manifeste du duc de Brunswick.

RÉFUTATION DU RAPPORT

SUR

LA MISE EN ACCUSATION

DE

JOSEPH LE BON.

—◦—

RAPPORT.	RÉFUTATION.
§ 1ᵉʳ (*) Ce fut pour la France une époque bien consolante et bien mémorable que celle où le sceptre homicide des décemvirs fut brisé par l'énergie de la Convention nationale. Le tyran abattu, le 9 thermidor, tous les regards se portèrent sur ses affreux complices, et bientôt les départements du Nord et du Pas-de-Calais accusèrent Joseph Le Bon. Aux termes de la loi du 8 brumaire, vous avez chargé une Commission de vous présenter un Rapport sur les délits imputés à Le Bon, c'est le résultat d'un *profond examen* que je viens vous offrir, au nom de votre Commission.	 Un profond examen !.... On put en juger aux débats, où le Rapporteur ne trouva pas un mot à répliquer aux réponses fournies par mon père !.. réponses qu'il connaissait pourtant par avance, puisque mon père les avait données de vive voix à la Commission, et qu'en outre, avant même la présentation du Rapport, il les avait imprimées et dis-

(*) J'ai divisé le Rapport en paragraphes, suivant les observations que j'avais à faire.

tribuées à ses collègues, sous le titre de **LETTRES JUSTIFICATIVES** (1). (*Voyez les débats au Moniteur, séances des* 14, 18, 20 *et* 22 *messidor an III.*)

Ce qu'on serait beaucoup plus porté à penser, après avoir lu l'œuvre de la Commission, c'est qu'elle s'est bornée, au contraire, à recueillir et classer *sans aucun examen* les notes et indications de Guffroy, dont l'infernale inspiration s'y reconnaît à chaque ligne ; et ce n'est pas trop s'avancer de dire que jamais, peut-être, on n'a vu une

---

(1) Ce ne fut qu'à titre de *compte-rendu* de ses deux missions dans les départements du Nord et du Pas-de-Calais, compte-rendu dont l'impression était *aux frais de la Convention*, que mon père, dépouillé de tous moyens pécuniaires, put donner au moins quelque publicité à cette réfutation des calomnies amassées depuis si longtemps sur sa tête ; encore cette publicité fut-elle à peu près nulle, car il ne devait être tiré de son écrit qu'un nombre d'exemplaires correspondant au nombre des membres de la Convention, pour leur être exclusivement distribués, et ces derniers, comme on peut le penser, furent peu soucieux de conserver une semblable réfutation ou protestation (*).

Cette réfutation avait au surplus un inconvénient, c'était de discuter les faits dans un ordre différent de celui où le Rapport publié postérieurement les présente lui-même. Il en résulte une sorte de confusion nécessairement nuisible à l'effet qu'elle devait produire. Mais mon père avait dû braver cet inconvénient, préoccupé comme il l'était de la certitude qu'on n'oserait jamais en venir à une discussion publique avec lui, et qu'on n'attendait qu'une occasion favorable pour se débarrasser de sa personne sans débats, comme on l'avait déjà plusieurs fois infructueusement essayé. Sous l'empire de cette préoccupation, il ne pensait plus, il n'aspirait plus qu'à une chose, c'était à faire entendre au moins à ses concitoyens le cri de sa justification avant sa mort, et, du moment où il était parvenu à arracher de la Commission des vingt-et-un l'indication des faits qu'on entendait mettre à sa charge, il s'était empressé de rédiger sa défense et de la livrer à l'impression, même avant la présentation du Rapport.

Quoi qu'il en soit, j'aurai souvent occasion de citer ces **LETTRES JUSTIFICATIVES**, me trouvant parfaitement autorisé à regarder comme acquis et hors de contestation les faits et assertions qu'elles renferment, et qui n'ont été contredits pendant les débats ni par la Commission, ni par qui que ce soit de la Convention.

(*) Ces **LETTRES JUSTIFICATIVES** sont aujourd'hui très-rares. J'ai déposé mon unique exemplaire à la Bibliothèque de la ville de Beaune, avec la collection autographe des lettres de mon père, et les notes et papiers relatifs à son procès qui me sont parvenus.

demande de mise en accusation précédée d'un semblable Rapport, où aucun fait n'est discuté, ni précisé, ni daté ; où l'accusation seule trouve un organe et où les réponses, les explications de l'inculpé n'obtiennent pas même une mention !

§ 2.

Nous avons eu, dans cette affaire, 2,900 pièces à analyser,

Ce n'étaient, pour la plupart, que des lettres particulières et des adresses à la Convention (*défense de mon père à la Convention, séance du 20 messidor an III, Moniteur, n° 293*), et l'on sait comment Guffroy s'arrangeait pour provoquer ces sortes de manifestations. (*Voyez la préface historique en tête des Lettres de mon père à sa femme, page 57, à la note.*)

§ 3.

et dans aucune, nous devons le déclarer, nous n'avons trouvé la preuve d'un crime atroce dont un journaliste avait accusé Le Bon.

C'était Fréron, *député*, dans le n° 10 du journal l'*Orateur du Peuple*, qu'il rédigeait en 1794.

Et après Fréron, *un autre député*, le Rapporteur de *la Conjuration de Robespierre*, Courtois, avait donné une nouvelle consécration à la calomnie, en y faisant odieusement allusion dans son Rapport et en reprochant à mon père ses *embrassements homicides* et ses *caresses à la Caligula !*

§ 4.

Rien n'annonce que Le Bon ait arraché les faveurs d'une épouse éplorée qui venait lui demander la liberté de son mari ; qu'il se soit avili au point d'offrir quelqu'argent à sa victime, et qu'il ait joui du

Rien !... Et pendant onze mois la Convention avait tenu mon père sous cette affreuse flétrissure !... sans que ses coupables auteurs eussent cru devoir au moins la rétracter à la tribune nationale !.. sans spectacle de son supplice. Ce fait n'est point attesté.

même qu'il fût permis à mon père, au fond de sa prison, de la démentir dans les journaux ; le seul rédacteur qui, un jour, eut consenti à publier une courte réponse aux calomnies de Courtois, ayant été immédiatement incarcéré et n'ayant plus osé, par suite, en publier aucune autre!... (*Voyez Lettre de mon père à sa femme, du* 24 *ventôse an III.*)

Mon père, sur cette abominable calomnie qui avait si longtemps rendu tout croyable contre lui, demandait dans ses *Lettres justificatives* une information *spéciale* où ses collègues Fréron et Courtois, qui l'avaient les premiers produite et propagée, fussent tenus de faire connaître la source où ils s'étaient si étrangement renseignés ; mais la Commission des 21, trahissant l'esprit de complicité qui l'unissait avec eux, supprime purement et simplement dans son Rapport toute mention de la demande de mon père, et ce n'est évidemment que pour étouffer l'incident qu'elle abandonne le chef d'accusation lui-même, lequel n'était d'ailleurs ni plus ni moins établi que la plupart des autres où elle persiste. Enfin, elle ne se borne point là dans le zèle qui l'anime en faveur des deux thermidoriens ; sous sa main, le nom de Fréron, sa qualité de député, s'effacent du débat, et l'auteur, l'exécrable fabricateur de la calomnie, n'est plus qu'*un journaliste!* (*Voyez Lettres justificatives, n°* 1, *page* 4.)

§ 5.

Mais, de toutes parts, il est accusé de délits que nous par-

tagerons en quatre classes.
La Première : Faits relatifs au tribunal de sang, à l'influence que Le Bon avait sur ce tribunal ; nous donnons à cette première classe le nom d'*Assassinats judiciaires*.

C'est ici un délit nouveau, un délit de la façon de la Commission, et qu'elle créait pour le procès. Nulle part en effet, dans la loi du 25 septembre 1791, qui était le code pénal de cette époque, et en vertu de laquelle on déclarait vouloir faire juger mon père, on ne trouve la trace d'un pareil crime, qui n'est pas moins inconnu dans notre législation pénale aujourd'hui.....

Mais on était décidé à tuer mon père ; ce n'est que dans ce but qu'on s'était enfin résigné à ce procès devant lequel on reculait depuis un an ; il avait fallu, dès-lors, lui forger des crimes punissables de la peine de mort, et l'on entendait bien, devant un tribunal révolutionnaire *de choix*, faire de ces *assassinats judiciaires* de véritables assassinats, dans le sens légal du mot.

Et cela a eu lieu en effet ;

Et sans atteindre, sans seulement poursuivre ni juges, ni jurés, on trouva un tribunal pour appliquer à des *jugements* les peines de l'*assassinat*; pour les appliquer à mon père *exclusivement*, à mon père qui ne les avait pas prononcés, qui n'y avait pris d'autre part que de déférer à la justice révolutionnaire les faits qui en avaient été l'objet.....

C'est qu'au nombre des juges et jurés que, logiquement au moins, on eût dû mettre en cause avec mon père, se trouvaient précisément les amis de Guffroy, devenus comme lui réacteurs éhontés... et que, bien loin d'en faire des accusés, c'est le rôle de TÉMOINS qu'on leur réservait.

§ 6.

La Seconde : Actes attentatoires à la sûreté des personnes et des propriétés ; nous les désignons sous le nom d'*Oppression des citoyens en masse*.

C'était précisément là le Gouvernement révolutionnaire lui-même, solennellement inauguré par la Convention, et qui suspendait toutes les garanties accordées dans les temps ordinaires à la sûreté des personnes et des propriétés.....

Mais la Convention faisait-elle autre chose chaque jour, depuis le 9 thermidor, que de renier avec cynisme la part qu'elle avait précédemment prise à l'affermissement de la Révolution ?

Une première fois déjà et un mois avant le 9 thermidor, elle avait examiné *et jugé* les mêmes plaintes élevées contre mon père par Guffroy et la Réaction non encore devenue maîtresse..... elle les avait repoussées à l'unanimité !...

Mais, depuis, le temps avait changé, et la justice de l'Assemblée changeait avec lui ! (*Voyez rapport de Barère à la Convention nationale, du 21 messidor, et le décret du même jour, Moniteur, an II* (1794), *n° 292.*)

§ 7.

La Troisième : *Exercice de vengeances particulières, injustices personnelles.*

La Quatrième : *Vols et dilapidation de la fortune publique.*

Je me hâte de dire que la Convention eut au moins la pudeur de ne pas permettre à mon père de répondre à cette infamie ; dans la séance du 22 messidor, on lui ferma la bouche sur ce point et on s'écria : « C'est » inutile, il s'en est justifié. » (*Moniteur, an III, n° 297.*)

§ 8.

PREMIER CHEF.

Le Bon a institué à Arras un tribunal de sang dont il fut le régulateur.

Ce ne fut qu'avec l'autorisation formelle du Comité de salut public.

Plusieurs tribunaux semblables existaient sur la surface de la France, notamment un à Paris, sous les yeux de la Convention qui l'avait elle-même établi par la loi du 10 mars 1793, et auquel elle traduisait ses propres membres.

Si cependant une pareille institution pouvait quelque part s'excuser par la nécessité, c'était sur une frontière constamment trahie, dont l'ennemi occupait quatre places fortes, et où il avait de nombreux et chauds partisans (voyez *Lettres justificatives*, n° 7, page 2).

§ 9.

Nous citerons, pour donner une idée de la composition de ce tribunal, une lettre de Choudieu au Comité de salut public :
« J'ai vu, dit Choudieu, ces
» juges : ils ont l'air de bour-
» reaux ; ils portent une che-
» mise décolletée, un sabre
» traînant à terre ; ils montent
» sur leur siège en annonçant
» qu'ils vont prononcer des ar-
» rêts de mort ; j'ai été témoin
» auriculaire de ces propres
» expressions. »

Cette lettre est du 17 thermidor, postérieure de deux jours à l'arrestation de mon père..... Quel courage !... et postérieure d'un mois à la suppression des deux tribunaux révolutionnaires d'Arras et de Cambrai... Quelle dénonciation civique !

Et cependant, jusqu'au dernier moment de l'existence de ces tribunaux, Choudieu, qui était en mission à l'armée du Nord, y traduisait les prévenus qu'il faisait arrêter, et en avait même encore envoyé à Cambrai au commencement de messidor.... (*Lettres justificatives*, n° 7, page 16.)

Mais il fallait à tout prix, après le 9 thermidor, ne pas passer pour un Robespierriste..., et le dénonciateur de Philippeaux se sentait pressé de se racheter auprès du parti triomphant par une dénonciation en sens contraire.

Ce sabre traînant, au surplus, dont parle Choudieu dans sa lettre, n'avait été porté que par les membres du tribunal révolutionnaire de Cambrai, qui avait reçu, des Représentants du peuple Saint-Just et Lebas l'attribution de juger les délits militaires ; et il n'y avait rien d'étonnant que ces fonctionnaires restassent armés dans une ville qui avait les Autrichiens à ses portes et qui était peuplée de leurs agents (*ibid*, page 17).

§ 10.

Le Bon avait placé parmi les juges et jurés de ce tribunal, son beau-frère et trois oncles de sa femme.

On était en présence des Autrichiens, sur une frontière envahie ; la liste des jurés devait être une liste de proscription en cas de nouveaux revers, et il n'était pas facile de trouver, pour la composer, des hommes à la fois patriotes et probes et éclairés ; voilà pourquoi mon père prit de ces jurés dans sa famille, dont tous les membres à ses yeux étaient solidaires avec lui de dévouement à la République (1).

Si mon père, en créant un tribunal révolutionnaire à Arras, s'était préoccupé du projet de dominer ses décisions, il pouvait, à l'exemple de plusieurs de ses collègues, n'établir qu'une simple Commission de quelques membres qu'il eût choisis parmi ses affidés, et dont il eût, dans l'ombre, dirigé

---

(1) Le Comité de salut public avait eu la pensée, au mois de prairial an II, après la prise de Landrecies, de faire établir par mon père deux nouveaux tribunaux révolutionnaires, l'un à Réunion-sur-Oise (Guise), l'autre à Saint-Quentin ; mais mon père avait répondu qu'il ne connaissait pas assez d'hommes sûrs pour cela.

les votes ; au lieu de cela, il s'était, autant que possible, conformé au modèle que lui offrait le tribunal révolutionnaire de Paris ; il avait appelé *de tous les points* du département *soixante* jurés, parmi lesquels *le sort* désignait, de quinzaine en quinzaine, les onze jurés nécessaires au service du tribunal.

Dans tous les cas, voulant se choisir des *complices*, ses parents eussent été les derniers auxquels il eût dû recourir, puisqu'en cette qualité même de parents ils appelaient une attention toute particulière sur leurs votes prononcés publiquement et à haute voix, et qu'ils engageaient, moralement au moins, sa responsabilité plus qu'aucun des autres jurés.

Quant au juge, il était en fonction avant même l'arrivée de mon père à Arras, et n'était devenu son beau-frère que postérieurement.

§ 11.

Une loi venait *de supprimer les tribunaux révolutionnaires des départements* et ordonner la traduction à Paris de tous les prévenus.

Malgré cette loi, Le Bon parvient à obtenir un arrêté du Comité de salut public qui l'autorise à conserver son tribunal ; voici la lettre qu'il écrivait à ce sujet au Comité :

« Joseph Le Bon au Comité
» de salut public.
» Arras, le 3 prairial (1).
» Votre arrêté pour continuer

La loi du 27 germinal ne *supprimait* pas explicitement les tribunaux révolutionnaires établis (en petit nombre) dans quelques départements ; elle portait seulement en son article 1er que « *les prévenus de conspiration* » *seraient traduits de tous les points de la* » *République au tribunal révolutionnaire à* » *Paris.* » Son but évident était que, désormais, tous les prévenus de conspiration

---

(1) Cette date est une erreur matérielle évidente ; la véritable date doit être du 1er ou du 2 *floréal* ; je cite au paragraphe 15 une lettre *postérieure*, qui est du 3 *floréal*.

» les fonctions du tribunal ré-
» volutionnaire séant en cette
» commune, a été un coup de
» foudre pour l'intrigue, le mo-
« dérantisme et l'aristocratie.
» La loi générale qui appelle
» à Paris tous les conspirateurs
» de la République avait été
» interprétée par quelques scé-
» lérats comme une improba-
» tion des actes du tribunal et
» de la célérité de ses juge-
» ments ; mais le courrier, le
» bienheureux courrier est ar-
» rivé ; tout le peuple l'atten-
» dait avec impatience ; j'ouvre
» le paquet, je lis l'arrêté ;
» mille cris de réjouissance
» s'élèvent, et le patriotisme
» reprend une nouvelle force. »

fussent jugés révolutionnairement (1); et, en l'absence d'une disposition formelle qui *supprimât* les tribunaux révolutionnaires existant dans les départements, on pouvait douter qu'elle eût voulu en effet les supprimer ; il était naturel de supposer, au contraire, que la loi ne concernait que les localités dépourvues de ces sortes de tribunaux ; mais que, dans celles qui en avaient, ils devaient continuer de fonctionner.

Ainsi en avait pensé mon père ; toutefois, ne voulant rien prendre sur lui dans une question aussi grave, il avait commencé par suspendre le tribunal révolutionnaire d'Arras à la réception de la loi du 27 germinal, et consulté le Comité de salut public sur la véritable portée du décret ; et ce n'est qu'après la réponse qui le maintenait que le tribunal avait repris ses fonctions.

Pouvait-on agir avec plus de circonspection ? pouvait-on se renfermer plus scrupuleusement dans les conditions de la légalité ?

---

(1) On voit, en lisant le Rapport de St-Just qui précède la loi du 27 germinal, que c'est surtout contre les tribunaux criminels ordinaires qu'elle avait été faite ; ainsi, on y remarque les passages suivants :

« Dans ces derniers temps, le relâchement des tribunaux s'était accru dans la
» République, au point que les attentats contre la liberté demeuraient impunis ;
» la faiblesse criminelle des juges avait enhardi les complots et diminué votre au-
» torité, en laissant violer la dignité de vos décrets et en livrant le peuple à la
» malignité des factions. . . . .
» Qu'ont fait les tribunaux *depuis deux ans ?* A-t-on parlé de leur justice ? Les
» voilà les auteurs de toutes les calamités publiques ; car, institués pour maintenir
» la Révolution ; leur indulgence a laissé partout le crime libre à la place du Peuple.
» Ils ont laissé mépriser vos décrets et se sont fait mépriser par la mollesse de
» leur âme, au lieu de se rendre redoutables aux méchants.
» Le moment est venu de tirer du sommeil les dépositaires de l'autorité pu-
» blique. » (*Moniteur, an II, n° 207.*)

On insiste cependant, et le *crime* de mon père serait au moins d'avoir *sollicité le maintien* du tribunal, sinon de l'avoir conservé de son chef.....

A cela mon père répond qu'il n'avait exprimé aucun vœu, ni dans un sens, ni dans l'autre, et qu'il n'avait fait que *consulter* le Comité. Il l'affirme, et la preuve qu'il dit la vérité, c'est que la Commission des 21, qui avait toutes les lettres écrites par mon père au Comité de salut public, au lieu de représenter celle où on prétend qu'il aurait demandé le maintien du tribunal révolutionnaire, n'en rapporte qu'une autre *postérieure*, dans laquelle mon père applaudit, il est vrai, à l'arrêté qui ordonnait au tribunal de reprendre ses fonctions, mais y applaudit par des motifs tout autres que celui de la conservation du tribunal en elle-même.

Comme l'indique la lettre, en effet, la satisfaction qui y est manifestée se rattache bien moins au tribunal révolutionnaire qu'à l'appui si nécessaire que l'arrêté du Comité de salut public apportait à mon père au début de sa lutte avec *la Réaction* (car c'est à la Réaction qu'il avait dès-lors affaire, et depuis quatre ou cinq jours seulement, comme cela sera rapporté ci-après avec détail dans la discussion du § 14).

Mais qu'importe au surplus que mon père eût ou non sollicité ce maintien? Si le tribunal révolutionnaire était nécessaire à Arras, ou si seulement même mon père en avait l'opinion, n'était-ce pas son devoir d'exprimer cette opinion à l'autorité supérieure?

Or, nous l'avons déjà dit, dans quel endroit

en France un pareil tribunal pouvait-il être plus nécessaire que sur cette frontière du Nord, au moment de la lutte suprême dont elle était le théâtre ?

Enfin, les prévenus d'Arras ne seraient pas allés chercher à Paris des juges plus indulgents, et la justice révolutionnaire y aurait perdu son principal avantage, celui de l'intimidation locale.

§ 12.

Le Bon avait sur ce tribunal toute influence; il logeait, nourrissait et entretenait chez lui les juges, les jurés et l'exécuteur qui mangeait à sa table.

Autant de mots, autant de mensonges, de faits sciemment dénaturés ou de contradictions flagrantes.

Le Bon, dit-on d'abord, avait toute influence sur ce tribunal.... Nous verrons tout à l'heure, au § 14, qu'on prétend en même temps « qu'il éclatait en reproches amers » contre les jurés qui osaient acquitter un » accusé....; que, *souvent*, il destituait, incar- » cérait et faisait traduire au Comité de » sûreté générale les jurés qui n'avaient pas » voté la mort.... » Nous verrons enfin qu'on l'accuse d'avoir fait juger deux fois sur le même fait des individus acquittés par un premier jugement....

Mais commencez donc par vous mettre d'accord avec vous-mêmes; si mon père réprimandait amèrement, s'il destituait et incarcérait SOUVENT *les jurés* qui avait mal jugé suivant lui; s'il était obligé de soumettre à un second jugement des individus qu'il croyait injustement acquittés, les jurés ne recevaient donc pas de lui le mot d'ordre avant l'audience; ils n'étaient donc pas ses créatures soumises, comme on le prétend;

où donc alors était cette *toute influence* qu'il exerçait, dit-on, sur le tribunal ?

Hélas ! loin d'être le maître des juges et des jurés, c'est au contraire parmi eux qu'il trouva ses plus dangereux ennemis ! et ce sont ces derniers qui, aidés de leur digne appui Guffroy, avaient inspiré et dicté presque chaque mot du Rapport de la Commission !

Mais quelle était donc, en définitive, l'organisation de ce tribunal, et en quoi cette organisation autorisait-elle contre mon père l'accusation d'avoir voulu, en la déterminant, se constituer le régulateur des jugements à rendre ? On comprendrait, nous l'avons déjà dit, un pareil reproche, si mon père avait créé une Commission de cinq à six personnes affidées, qu'il aurait pu, dans l'ombre, diriger selon ses caprices ; mais mon père, loin de là, avait composé le jury révolutionnaire d'Arras sur le modèle du tribunal révolutionnaire de Paris, en y appelant *soixante* personnes *rassemblées de tous les points du département*, et parmi lesquelles *le sort* en désignait onze, chaque quinzaine, pour faire le service.

Sans doute il avait cherché autant que possible à n'y faire entrer que des patriotes sûrs et prononcés ; mais ce soin était son premier devoir et ne pouvait encourir de blâme que celui des ennemis de la Révolution. Sous quelque gouvernement que ce soit, point de juges, point de jurés rationnellement organisés, s'ils ne sont homogènes à ce gouvernement ; et cela n'a rien de commun avec ces *Commissions* justement réprouvées et flétries, qu'*un maître* compose de gens *asservis à ses caprices;* et les Constitutions qui ont le plus de prétentions au libéralisme rendent plus ou moins hommage à ce principe, même la Constitution de 1848, qui établissait pour les crimes politiques la juridiction d'une *haute cour.*

Enfin, j'ajouterai qu'en fait presque tous les jurés désignés par mon père étaient des fonctionnaires publics élus par le peuple, en 1792. (*Lett. justif.*, n° *VI*, *pages* 2, 3 *et* 10.)

Lorsqu'ensuite la Commission dit que mon père *logeait, nourrissait* et *entretenait* CHEZ LUI les juges, les jurés et l'*exécuteur* qui mangeait à sa table, elle mêle avec impudeur l'absurdité au mensonge.

Rien des faits signalés dans ce § n'a jamais eu lieu à Arras. (*Lett. justif.*, n° *VI*, *page* 10.)

A Cambrai, quand mon père y arriva avec une section du tribunal d'Arras, la ville étant près d'être cernée par les Autrichiens, et les plus mauvais rapports lui ayant été faits sur les dispositions d'une partie de la population (1), les juges et les jurés ne voulurent pas le laisser seul ; ils logèrent donc tous ensemble, non pas *chez lui*, comme le dit absurdement la Commission, mais dans une maison nationale *que le district mit à leur disposition*, et où plusieurs, dans les premières nuits, n'eurent pour se coucher qu'un matelas ou même une paillasse, par terre. Ils mangèrent ensemble *aux frais de la République*, ainsi que cela se pratique de

---

(1) Voyez la préface historique qui précède les Lettres de mon père à sa femme, pag. 30 et suiv.

nos jours où les magistrats, quand ils se déplacent, reçoivent une indemnité en dehors de leur traitement, et logent et mangent ensemble, juge, officier du ministère public et greffier.

Et tout cela, je le répète, n'a eu lieu qu'à Cambrai, jamais à Arras. Voilà avec quelle bonne foi la Commission dit que mon père logeait, nourrissait et entretenait *chez lui* les juges et les jurés. (*Lett. just.*, n° *VI*, *page* 10.)

Reste à parler de l'exécuteur, qui, lui aussi, dans cette circonstance, ayant dû se transporter d'Arras à Cambrai, parce que l'exécuteur de Cambrai, vieux et infirme, était hors d'état de remplir ses fonctions, mangea *une fois* et *par hasard à la table commune*. (*Moniteur, an II*, n° 294, *séance du* 20 *messidor*.)

Aujourd'hui, avec nos mœurs, et à la distance où nous sommes de cette époque, la présence d'un pareil homme au milieu des membres d'un tribunal nous révolte et ne paraît admettre aucune explication supportable; il en était tout autrement alors, et la preuve, c'est que, déjà, *en l'absence de mon père et avant sa mission dans le Pas-de-Calais,* la même chose avait eu lieu à Arras et à différentes reprises...

Or, si c'était un usage établi, comment, pourquoi mon père aurait-il pris sur lui de le réformer, et précisément dans la position critique où il se trouvait ?... Aux yeux des hommes d'alors, c'était un préjugé détruit...

Et n'est-ce pas un spectacle à faire tout à la fois honte et pitié, de voir la Convention

formuler une pareille accusation, elle qui, six mois avant que mon père ne vînt à Cambrai, avait ordonné l'insertion à son Bulletin de la lettre des Représentants Lequinio et Laignelot, annonçant de Rochefort que plusieurs citoyens de cette ville avaient réclamé à l'envi l'*honneur de faire tomber la tête des ennemis de la patrie....* et qu'en choisissant l'un d'entre eux, *ils l'avaient invité à venir dîner avec eux-mêmes !*... La lettre se termine en célébrant le patriotisme avec lequel ce citoyen « venait de se montrer au-
» dessus des préjugés qu'il fut toujours
» intéressant aux rois d'entretenir pour
» nourrir toutes les inégalités sur lesquelles
» ils établissaient leur puissance...» (*Journal des Débats, de brumaire an II, page* 291.)

Je le demande, après une pareille manifestation émanée de la Représentation nationale, mon père, en repoussant, à Cambrai, la présence, d'ailleurs fortuite, de l'exécuteur, n'aurait-il pas ressuscité contre lui une flétrissure que la loi ne prononçait pas et que le pays avait abolie (1)? (*Lett. justif., n° 1.*)

---

1) On se tromperait, au surplus, en pensant qu'il n'est arrivé qu'à la Convention et à ses Commissaires Lequinio et Laignelot de combattre comme un préjugé condamnable la flétrissure infligée aux exécuteurs des hautes-œuvres. Voici l'opinion d'un homme dont les plus délicats ne sauraient récuser l'autorité; dès le temps de l'Assemblée constituante, M. le comte de Clermont-Tonnerre s'exprimait ainsi, le 22 décembre 1789, en demandant que tous les citoyens fussent éligibles aux fonctions municipales, sans aucune exception résultant de leur culte ou de leur profession.

« Les professions sont nuisibles ou ne le sont pas; si elles le sont, c'est un
» délit habituel que la justice doit réprimer ; si elles ne le sont pa , la loi doit
» être conforme à la justice qui est la source de la loi. Elle doit tendre à corriger
» les abus, et non abattre l'arbre qu'il faudrait greffer. Parmi les professions, il

§ 13.

Il annonçait à la tribune de la Société populaire que, bientôt, on verrait tomber les têtes de ceux qu'il faisait traduire à son tribunal.

La Commission cite deux individus qu'il serait arrivé à mon père de signaler d'avance à la Société populaire, comme devant être traduits au tribunal révolutionnaire, l'ex-avocat D...... d'abord, dont il sera question au § 15 ; et, ensuite, le sieur Th......., ex-noble, qu'on croyait franchement rallié aux patriotes, et dont, cependant, la signature se trouva au bas d'une protestation des ci-devant nobles des États d'Artois contre toutes les opérations de l'Assemblée constituante nuisibles à leurs privilèges, protestation découverte enterrée chez le notaire à qui elle avait été confiée. (Voyez § 18.)

Or, dans l'un et l'autre cas, les accusés *furent acquittés* par le tribunal révolutionnaire....

On voit l'influence qu'exerçaient sur le tribunal les opinions ainsi manifestées par mon père !..

Et comment, d'ailleurs, en présence du décret du **22** frimaire an II, qui associait formellement les Sociétés populaires à la surveillance exercée par les Représentants

---

» en est deux que je souffre de rapprocher ; mais, aux yeux du législateur, rien
» ne doit être séparé que le bien et le mal ; je veux parler des exécuteurs des
» arrêts criminels, et des gens qui composent vos théâtres.
  « J'observe sur la première de ces deux professions, qu'il ne s'agit que de
» *combattre le préjugé* ; il est vague, léger, et porte sur des formes. Il faut changer
» ces formes pour le détruire. Dans les usages militaires, quand un coupable est
» condamné à mort ou à subir quelque punition, la main qui a frappé n'est point
» infâme. Tout ce que la loi ordonne est bon. Elle ordonne la mort d'un criminel,
» l'exécuteur ne fait qu'obéir à la loi. Il est absurde que la loi dise à un homme :
» Fais cela ; et, si tu le fais, tu seras couvert d'infamie. » (*Moniteur*, 1789, *n*° 123.)

en mission dans les départements (1), comment mon père aurait-il pu n'entretenir jamais la Société populaire d'Arras des individus arrêtés pour cause politique qu'*après leur jugement! (Lett. justif., n° VI, pages 3 et 4.)*

§ 14.

Il éclatait en reproches amers contre les jurés qui, suivant le mouvement de leur conscience, osaient acquitter un accusé; souvent il destituait, incarcérait et faisait traduire au Comité de sûreté générale les jurés qui n'avaient pas voté la mort, les défenseurs officieux des accusés ; il se faisait apporter les actes d'accusation, y désignait ceux dont il ordonnait la mort et ceux qu'il consentait à absoudre.

En ce qui touche *les défenseurs officieux*, mon père n'en a jamais réprimandé qu'*un seul*, le défenseur du comte de B......, auquel comte de B...... est consacré le § 17; je remets à parler en même temps du défenseur et du client pour éviter des redites.

Quant à tous les autres griefs, *une seule* affaire aussi y a donné prétexte, quoique la Commission en parle comme de faits qui se seraient passés *à des époques différentes*, et se seraient *habituellement renouvelés*. Cette affaire est celle qui fait l'objet du § suivant, et c'est là que je m'expliquerai sur tous ses détails.

Mais, dès à présent, j'écarte et pour n'y plus revenir, plusieurs de ces griefs qui ne me semblent, à moi, susceptibles d'aucun blâme sérieux et fondé;

Ainsi, j'admets sans difficulté que mon père ait eu la prétention de diriger l'accusateur public dans ses poursuites; de s'immiscer même dans la rédaction de ses actes d'accusation, et de les faire apporter chez

---

(1) La Convention, par son décret du 22 frimaire an II, « avait invité les Sociétés
» populaires de la République et les bons citoyens qui les fréquentaient, à réunir
» leurs efforts et leur surveillance à celle des Représentants du peuple, pour déjouer
» tous les complots des conspirateurs et des faux amis de la liberté. » (Collection générale des décrets, frimaire an II, page 201.)

lui à cet effet; j'admets que, dans ces actes d'accusation, il ait positivement appelé l'indulgence des jurés sur certains accusés, et provoqué, au contraire, toute leur sévérité contre certains autres, et je ne vois rien là qui ne fût parfaitement légal, parfaitement juste et légitime; de nos jours, il n'est pas un parquet qui contestât l'exercice de ces différents droits au ministre de la justice ou au président du Conseil des ministres, comment le pouvait-on contester à un Représentant du peuple investi de pouvoirs *illimités*, sous un gouvernement qui ne reconnaissait, en dehors de la Convention, aucun pouvoir distinct et indépendant?

Inutile de dire, au surplus, que jamais mon père ne se serait avisé d'*ordonner* au tribunal la mort ou l'acquittement d'un prévenu, et ce langage de la Commission montre seulement la haine et la passion qui la dirigeaient.

§ 15.

Mais voici l'articulation importante du Rapport, et à laquelle, à l'exemple de la Commission, nous devons une attention et un soin particuliers.

Il s'agit de l'incident le plus grave de la mission de mon père, de la DÉFECTION de quelques-uns des principaux chefs de la Révolution à Arras, de leur accession éclatante au parti de la *réaction* que la Convention venait de frapper dans la personne de ses chefs Camille Desmoulins et Danton, et de la lutte que mon père eut dès-lors à soutenir contre eux; lutte fatale, où, même avant le 9 thermidor, il avait rencontré les plus grandes difficultés, et qui, après ce dernier événement, ne pouvait plus aboutir qu'à sa propre ruine.

Commençons, pour plus de clarté, par rappeler sommairement l'ensemble des faits.

En tête des défectionnaires dont je viens de parler étaient le président du tribunal criminel, l'accusateur public et un membre du Comité de surveillance, en même temps juré du tribunal révolutionnaire... Ces hommes, qui se vantaient d'avoir été les fondateurs et les pères de la Révolution à Arras, avaient apporté malheureusement à son service moins de probité et de vertus civiques que d'esprit d'intrigue et de bruyante déclamation ; ils n'avaient pas laissé néanmoins d'occuper les emplois les plus importants, sous le couvert desquels ils donnaient librement carrière à leurs mauvaises passions et aux calculs de leur vénalité.

L'accusateur public, notamment, avait été signalé, dès le mois de juillet 1793, *par Guffroy* dans son journal intitulé *Rougiff*, comme se livrant *à des tripotages* et soutenant un fermier *riche* et aristocrate contre les municipaux de sa commune qui l'avaient fait arrêter... (1)

Et l'on conçoit, lorsqu'au mois de frimaire (décembre 1793) le drapeau de la *Réaction* fut si prématurément et si fatalement levé par Danton et Camille Desmoulins, l'on conçoit avec quel empressement de tels

---

(1) Voyez la préface historique qui précède les Lettres de mon père à sa femme, page 38, à la note.

fonctionnaires devaient se rallier à une manifestation où se retremperait leur popularité compromise, et où les mots toujours sympathiques de *clémence* et d'*humanité* viendraient si à propos abriter leurs trafics honteux.

Ils se montrèrent bientôt plus *modérés* que mon père, eux qui n'avaient cessé jusque-là de l'accuser et de le dénoncer à ce titre...

Cependant, le Comité de salut public, qui avait semblé d'abord, et pendant la suspension des hostilités, résultant de la saison d'hiver, favoriser le mouvement de réaction, sentit, au mois de ventôse, la nécessité de revenir sur l'adhésion tacite qu'il y avait donnée ; il ne voulut rentrer en campagne contre l'Europe et engager la lutte suprême qui se préparait qu'armé de nouveau de toutes les forces et de toute l'action du gouvernement révolutionnaire ; et, après avoir imprudemment laissé grandir et se propager pendant trois mois l'élan de la Réaction, il crut ne pouvoir plus le refouler et le comprimer qu'en le frappant dans la personne de ses chefs eux-mêmes.....

Nouveau déchirement, nouvelle scission au sein de la République, et source d'une implacable exaspération chez tous ceux qui, soit par calcul, soit par un entraînement d'ailleurs très-naturel, s'étaient associés au mouvement !..

C'est dans ces circonstances, au mois de germinal (mars 1794), tandis que mon père suffisait à peine à sa tâche, partagé qu'il était entre les Autrichiens s'avançant de moment en moment sur le sol même spécialement commis à sa garde, entre les complots que faisait pulluler leur approche sur tous les points de cette frontière, et la sourde agitation que soulevaient au sein même des républicains la condamnation et la mort de Danton et de Camille Desmoulins, que vient se placer l'incident dont nous avons ici à nous occuper.

Au mois de germinal, disons-nous, et dans les premiers jours, on découvre à Arras, chez une veuve B......., le registre d'une souscription suivie depuis le mois de janvier 1792 jusqu'au mois de juillet 1793, pour assurer et fournir des secours à des prêtres réfractaires et émigrés.

Chaque page de ce registre portait le nom d'un des souscripteurs pour tel ou tel mois, avec les sommes partielles par lui comptées, puis l'addition de ces sommes partielles, puis enfin la déduction sur le total d'une certaine somme pour la conversion des assignats en argent... Le registre était d'ailleurs accompagné de lettres des prêtres émigrés accusant réception des secours; les souscripteurs étaient au nombre de 23.

L'affaire fut déférée au tribunal révolutionnaire; et elle ne pouvait pas ne pas l'être à ce moment de crise extrême, et quand la Convention promulguait précisément, ensuite des fameux Rapports de Saint-Just, les lois si inexorables contre les ennemis de la Révolution, des 8, 13 et 23 ventôse. Vingt-quatre personnes, en y comprenant la veuve B......., furent traduites le 25 germinal.

Mais toutes ne devaient pas nécessairement être condamnées; il y avait notamment parmi elles un sieur Bo......, franchement et notoirement rallié aux patriotes depuis la fin de janvier 1792, et dont la souscription s'arrêtait même sur le registre à cette époque; il y avait quelques vieilles dévotes que leur âge excusait, et qui étaient d'ailleurs fort peu à craindre pour la République; il y avait une femme qui avait souscrit *avec son mari,* une fille *avec sa mère,* et qu'on pouvait regarder toutes deux comme ayant été entraînées; il appartenait au jury, *arbitre de la question intentionnelle,* de faire à cet égard la part que pouvaient réclamer la justice et l'humanité, et mon père lui en frayait la voie en rappelant dans son arrêté de traduction les circonstances qui parlaient en faveur du sieur Bo...... et le rendaient digne de l'indulgence du tribunal.

Quant aux autres souscripteurs, c'étaient, il faut le dire, des contre-révolutionnaires connus et dangereux; l'un d'eux, surtout, tenait depuis longtemps les patriotes en sollicitude, malgré les faux-semblants de civisme dont il prenait à tâche de s'envelopper; c'était l'ex-avocat D......, homme fort habile, agent, homme de confiance de tous les nobles, émigrés ou non, que l'influence aristocratique avait, au commencement de la Révolution, porté aux fonctions d'administrateur du district, mais qui s'en était ensuite spontanément démis pour ne pas faire exécuter la loi sur le serment des prêtres.

Une première fois déjà il avait été arrêté, *comme suspect,* par ordre des administrateurs du département; mais l'*accusateur public,* dont il s'était ménagé la protection, avait si chaudement pris son parti, qu'on avait fini par le mettre en liberté.

Toutefois, on ne le perdait pas de vue, et le Représentant Duquesnoy venait de le signaler de nouveau à mon père pour des manœuvres auxquelles il se livrait dans le district de Béthune ; la découverte de la souscription contre-révolutionnaire où il figurait, et sa femme avec lui, fournit à sa charge une preuve qui, cette fois, paraissait ne devoir laisser place à aucune dénégation, à aucune incertitude.

Qu'arrive-t-il cependant au jugement de l'affaire ? l'avocat D...... et sa femme sont acquittés, et ces vieilles dévotes, si peu redoutables à la république, et que de si puissantes considérations commandaient de soustraire à l'échafaud, sont condamnées!!...

Ah! qu'on ne rende pas mon père responsable de cette monstruosité ! Il avait dû traduire également les 23 individus que leurs signatures accusaient tous également ; mais au jury, au jury seul, était réservée l'appréciation de la question intentionnelle, et il avait usé de son droit avec toute indépendance, puisqu'il avait acquitté précisément celui des prévenus dont la condamnation était le plus vivement sollicitée au nom de la République : à lui donc et à lui seul la responsabilité de son verdict, à lui l'indignation qu'il doit éternellement soulever !

Cette indignation, en effet, se manifesta immédiatement parmi tous les Patriotes d'Arras ; et, immédiatement, les jurés qui avaient fait la majorité furent l'objet des censures les plus amères et les plus violentes. Dès le soir même, à un souper chez l'administrateur Renaud, le juré, membre du Comité de surveillance, Gabriel L......, fut vivement interpellé par le Représentant Duquesnoy, qui proposait même de le faire arrêter sur-le-champ, ainsi que les autres individus, jurés et magistrats, qu'on accusait d'avoir, par leurs manœuvres, préparé et dirigé cette abominable iniquité....

Mon père s'y refusa..., et tous les membres du tribunal, jurés et magistrats, continuèrent d'exercer leurs fonctions le lendemain et les jours suivants.

Mais ils n'acceptèrent pas, eux, cette réserve où l'autorité supérieure croyait devoir encore se renfermer à leur égard; mieux que personne ils mesuraient l'abîme qu'ils venaient de creuser entre eux et les Républicains dignes de ce nom; eux-mêmes prirent l'initiative de la rupture, en relevant et arborant ouvertement le drapeau de la Réaction que la Convention venait d'abattre par la condamnation de Camille Desmoulins et de Danton (1), et, dès le lendemain 26 germinal, on les entendait, dans les cafés, sur les places publiques, se livrer, contre le Gouvernement révolutionnaire, aux déclamations les plus violentes, comme le plus hors de saison.

Une circonstance imprévue vint encore accroître leur audace et leur déchaînement. Le 29 germinal, arrive à Arras une loi rendue à Paris, le 27, et dont l'article 1er portait

---

(1) Prononcée une dizaine de jours auparavant, le 16 germinal.

que : « tous les prévenus de conspiration » seraient traduits de tous les points de la » République au Tribunal révolutionnaire, » à Paris. »

J'ai déjà parlé de cette loi sous le paragraphe 11, et montré surtout que, loin d'avoir voulu déverser aucun blâme sur la Justice révolutionnaire, son but, au contraire, avait été de la généraliser pour toute la France.

Les Défectionnaires, cependant, s'en emparent, la commentent publiquement, et soutiennent non seulement qu'elle supprime le tribunal révolutionnaire d'Arras, mais qu'elle est la désapprobation manifeste de ses actes ; ils étendent cette désapprobation jusqu'à mon père ; ils accusent son rigorisme outré, intraitable, son patriotisme soupçonneux...

Evidemment, ce n'était plus, pour mon père, le lieu de temporiser, de reculer ; il était perdu lui-même, s'il laissait, dans un pareil moment, relever par des hommes aussi importants dans le pays et aussi rompus à tous les genres d'intrigues, le drapeau de la Réaction à peine renversé. Sans hésiter, il prononça la destitution de ces fonctionnaires factieux, et les fit incarcérer ; et, quelques jours plus tard, il leur adjoignit l'adjudant-général Joseph L....., frère du juré, que son affection fraternelle emportait au point de lui faire tenir, dans les campagnes, aux environs de Douai, les discours les plus ouvertement contre-révolutionnaires.

Le 15 floréal, mon père recevait l'ordre de s'aller établir à Cambrai menacée par les Autrichiens, et ne voulant pas, en son absence, laisser à Arras un pareil ferment de trouble et de révolte, il fit transférer les quatre prisonniers à Paris, en les traduisant au Comité de sûreté générale.

Hélas! il les réunissait à Guffroy, et préparait ainsi leur triomphe et sa perte!

Tels sont, dans leur ensemble, les faits auxquels se rattache le paragraphe que nous avons maintenant à examiner, et qu'il était nécessaire d'exposer préalablement pour l'intelligence soit des accusations, soit de leur réfutation.

Encore une observation, toutefois; ce paragraphe n'a pas été maintenu par le Rapporteur; aux débats devant la Convention, et dans la séance du 22 messidor, le Rapporteur, sous le prétexte de mieux faire connaître l'affaire, mais, en réalité, pour l'embrouiller davantage, au lieu de lire le paragraphe, comme il faisait pour le surplus du Rapport, le supprima complètement, et le remplaça par un nouvel exposé surchargé de détails, et qui en diffère sur tous les points, au principal comme dans les faits accessoires.... Nous aurons donc à réfuter successivement ces deux différents exposés, dont le premier, au surplus, reçoit déjà son démenti du second. C'est un curieux rapprochement et qui suffirait, à lui seul pour donner la mesure et de la bonne foi et du *profond examen* qui ont présidé à tout ce travail.

1ᵉʳ Exposé.

L'affaire des 23 *personnes* mises en jugement est une de celles où ces caractères d'influence sont le plus prononcés.

Leur nombre était de vingt-quatre et non de vingt-trois.

1ᵉʳ Exposé.

On avait *dénoncé* la veuve B......., comme ayant une liste de prêtres fanatiques auxquels *elle accordait des secours;*
Il était question sur cette liste de plusieurs autres citoyens, entre autres d'un nommé D......, homme de loi, patriote très-éclairé.
Le Bon arrête que tous les individus, tant mâles que femelles, ce sont ses expressions, *qui se trouvent sur cette liste*, seront traduits au tribunal : « Le présent sera lu au tri- » bunal. »
L'attestation du greffier, mise au bas de cet arrêté, prouve que la lecture en a été faite.

Ce n'est pas simplement sur *une dénonciation*, mais sur la *découverte* faite chez la veuve B......., que la poursuite a eu lieu.
Jamais il n'a été question de poursuivre des prêtres *recevant des secours;* c'eût été là un crime inconnu, même sous la législation révolutionnaire. La poursuite ne s'adressait qu'aux *auteurs d'une souscription* au profit de ces prêtres.
Ce n'est pas, au surplus, la veuve B....... *qui accordait* ces secours, mais les souscripteurs.
Enfin, il ne s'agissait pas *d'une liste* comprenant pêle-mêle les prêtres recevant des secours et d'autres individus dont tout le crime, apparemment, aurait été de *figurer sur cette liste*, puisqu'on ne leur en impute pas d'autre; il s'agissait d'*un registre* contenant les noms des souscripteurs au nombre de vingt-trois, et leurs cotisations acquittées pendant dix-huit mois.

L'acte d'accusation est porté chez Le Bon; il ne le trouve pas assez fort, il en fait rédiger un autre.
Le 25 *octobre*, les vingt-trois têtes des accusés devaient tomber; cependant, les jurés ont le courage d'en sauver quatre, entre autres D......; l'indignation de Le Bon s'allume : « Voilà » des aristocrates de lâches, » s'écrie-t-il; demain, cela ne » sera pas comme cela, je com- » poserai autrement mon tri- » bunal! »
Le *lendemain, à la table de Le Bon et de Duquesnoy, les jurés* qui avaient acquitté les quatre, reçurent les reproches les plus amers. Duquesnoy voulait qu'ils fussent arrêtés sur-le-champ; ils le furent

C'est le 25 *germinal!*

Ce n'est pas le lendemain, mais le soir même du 25 germinal, jour du jugement; et ce n'est pas non plus à la table de mon père, ni à la table de Duquesnoy, mais à celle de l'administrateur Renaud qui les avait invités.

1ᵉʳ Exposé.

quelque temps après et traduits au Comité de sûreté générale.

Le juré Gabriel L...... s'y trouvait *seul*, et il est aussi *le seul juré* qui ait été arrêté quelques jours après.

Tel était ce premier exposé, déjà fort peu intelligible, et surtout tissu, au témoignage du Rapporteur lui-même, comme on va le voir, d'erreurs grossières et d'articulations fausses et controuvées ; ce sont ces seules contradictions entre les deux exposés que nous avons relevées dans le premier, l'ensemble des réfutations devant mieux se rattacher au second.

2ᵉ Exposé.

(Séance du 22 Messidor.)

La procédure instruite contre la nommée D........, veuve B......., et vingt-trois personnes qui furent jugées avec elle par le tribunal d'Arras, renfermant tous les caractères d'influence que Le Bon exerçait sur le tribunal, nous avons cru nécessaire d'en présenter les détails à la Convention, afin qu'elle sût de quelle manière Le Bon faisait *instrumenter les accusés.*

On lui avait dénoncé plusieurs écrits contre-révolutionnaires et fanatiques trouvés chez la veuve B......., et, notamment, un registre sur lequel étaient inscrits les noms de plusieurs citoyens qui *semblaient avoir concouru* à faire des distributions d'argent, *soit à des indigents,* soit à des prêtres réfractaires, *car ce fait n'est pas éclairci.*

Le registre saisi portait en tête de la souscription : *Liste des personnes qui donnent pour nos prêtres.....* Chaque page indiquait le souscripteur pour tel ou tel mois..., les sommes partielles par lui fournies ; et le total était suivi d'une déduction pour la conversion des assignats en argent, ce qui prouvait surabondamment que le produit de la souscription était destiné à l'étranger... (*Let. just.*, nº *VI*, *pag.* 4.)

Et le rapporteur parle de citoyens qui *semblaient* avoir concouru à des distribu-

EXPOSÉ DU 22 MESSIDOR.

En conséquence, il prit, le 22 germinal, un arrêté pour faire juger, avec la veuve B........, les vingt-trois particuliers dont les noms étaient inscrits sur le registre dénoncé. Au nombre de ces citoyens était un homme de loi appelé D.....; *cet homme semble avoir encouru l'animadversion particulière de Le Bon;* et il fut désigné par lui à la Société populaire, et ensuite, dans son arrêté, comme un hypocrite en patriotisme, un être dangereux, qui avait employé ses talents à servir l'aristocratie, au lieu de défendre la cause de la liberté et de la sainte égalité ; comme un homme, enfin, qui avait fait quelques singeries de patriotisme, afin d'éviter l'arrestation qui le menaçait.

D...... ne fut pas le seul dont Le Bon eût, en quelque sorte, donné le signalement aux jurés ; ce dernier leur désigna quelques autres personnes, puis, il termina ce tableau par ces expressions remarquables :

« Considérant que si, des
» individus portés audit re-
» gistre, on excepte le nommé
» Bo...... qui peut, d'abord,
» avoir été induit en erreur,
» mais qui, depuis l'instal-
» lation de la municipalité
» sans-culotte, en 1792, a
» paru se réunir franchement
» aux patriotes, tous les autres,
» tant mâles que femelles,

tions !... Il doute si l'argent n'était pas distribué *à des indigents,* car, dit-il, *ce fait n'est pas éclairci !*.... Mais qu'avait donc décidé le jugement, ce jugement rendu par sept jurés qui *avaient eu le courage,* c'est lui-même qui va le dire dans un instant, *de consulter leur conscience ?*... Les vingt personnes qu'ils avaient condamnées, l'avaient-elles été pour avoir distribué de l'argent *à des indigents ?*

J'ai expliqué ci-dessus les motifs de cette animadversion particulière de mon père contre le sieur D......, animadversion qu'était venue si péremptoirement justifier la découverte du registre où D...... figurait avec sa femme.

Puisque mon père traduisait ces divers individus au Tribunal par un arrêté, il fallait que cet arrêté fût motivé ; et l'indication du plus ou moins de charges qui pesaient sur chacun des inculpés entrait naturellement dans l'énonciation de ces motifs.

Quant à cet arrêté de traduction en lui-même, il rappelle, je n'ai pas l'intention de m'en taire, le moment le plus affreux de cette affreuse époque ; tout ce que j'en veux dire, c'est qu'il n'était que la stricte exécution des lois d'alors ; c'est que les deux ou

Exposé du 22 Messidor.

» n'ont pas d'autre réputa-
» tion que celle d'aristocrates
» fieffés;
» Arrête que tous les indi-
» vidus, mâles et femelles, ci-
» dessus mentionnés, seront,
» à la diligence de l'accusateur
» public, traduits sans délai
» au tribunal révolutionnaire
» séant en cette commune ;
» Arrête, en outre, que le
» présent sera lu aux jurés
» immédiatement après l'acte
» d'accusation. »

L'attestation du greffier du tribunal mise au bas de l'arrêté prouve que lecture en fut faite aux jurés, en exécution des ordres de Le Bon.

On voit aussi par la déclaration de ce greffier, que Le Bon s'est fait apporter chez lui, par C..., accusateur public (1) du tribunal d'Arras, l'acte d'accusation dressé contre les vingt-quatre prévenus ; qu'il voulait absolument que le registre trouvé chez la veuve B...... fût écrit par D......... ; et qu'enfin il ne se décida à rédiger son arrêté du 22 germinal que parce qu'il ne trouvait pas l'acte d'accusation qui lui fut présenté conçu dans des termes assez forts.

Après de telles précautions, il semblait que vingt-trois têtes devaient tomber, le 25 germinal, avec celle de la B......; cependant, sept jurés *eurent le courage de consulter leur conscience*, et ils proclamèrent l'innocence de quatre prévenus, parmi lesquels se trouvait D......, cet homme de loi que

trois expressions regrettables dont on y est péniblement affecté, sont empruntées également au vocabulaire de ce temps, vocabulaire que le journal de Guffroy, intitulé *Rougiff*, avait surtout répandu et naturalisé dans le Pas-de-Calais ; c'est, enfin, que mon père, en ordonnant la lecture de cet arrêté aux jurés, n'avait fait que se conformer à un précédent récent de la Convention qui, une dizaine de jours auparavant, avait ordonné qu'au procès de Danton, Camille Desmoulins, etc., lecture fût donnée aux jurés du Rapport de Saint-Just, sur la conspiration reprochée à ces Représentants ; encore y a-t-il cette différence en faveur de mon père que son arrêté appelait l'indulgence des jurés sur un des accusés.

Quel courage ! quelle conscience !... En même temps qu'ils acquittaient D....., ils condamnaient de vieilles femmes qui, par leur âge, par leur innocuité reconnue,

---

(1) C... n'était que le substitut ; il remplaçait, dans cette affaire, l'Accusateur public qui était à Boulogne pour une information.

EXPOSÉ DU 22 MESSIDOR.
Le Bon avait désigné comme le plus coupable de tous.

Il n'en fallut pas davantage pour exciter son indignation contre les jurés ; et l'un des citoyens qui assistaient à l'audience (le notaire L......, d'Arras) entendit Le Bon qui disait, *en sortant de la salle :* « Voilà un aristocrate lâché ; » demain, cela ne sera pas » comme cela, je composerai » mon tribunal d'une autre » manière. »

Le même jour, Gabriel L....., l'un des jurés qui avaient acquitté quatre prévenus, se trouvant à souper avec Duquesnoy, Le Bon et plusieurs citoyens d'Arras, chez l'administrateur Renaud, éprouva, de la part du Représentant Duquesnoy, les reproches les plus sanglants sur l'opinion qu'il avait émise en faveur de l'avocat D...... ; vers la fin du souper, Le Bon se réunit à son collègue contre Gabriel L......, qui fut traité si durement qu'il fut prêt à verser des larmes. Ces faits sont attestés par les convives qui soupèrent chez Renaud, le 25 germinal ; Gabriel L..... en a fait sa déclaration au Comité de sûreté générale, le 27 thermidor *dernier ;* après avoir rappelé les reproches qu'il essuya de la part de Duquesnoy, il ajoute : « Le Bon, » alors, m'invectiva ; il dit que » je devais être convaincu » que son arrêté m'indiquait » ceux qu'il fallait frapper, et » qu'il fallait voter comme les » autres. »

étaient manifestement les premières sur qui l'indulgence dût s'arrêter !

Le notaire L..... en imposait ; il n'avait pas entendu mon père tenir le propos qu'on lui prête, par deux raisons : la première, c'est que mon père n'avait pas assisté aux débats du procès. (*Lett. justif.*, n° VI, *pag.* 7.) La seconde, c'est que les jurés du tribunal révolutionnaire d'Arras étaient désignés *par le sort*, de quinzaine en quinzaine, et que, par conséquent, mon père ne pouvait pas dire qu'*il composerait*, le lendemain, son tribunal d'une autre manière, *ce qui, d'ailleurs, n'a pas eu lieu.*

Je ne répondrai pas à Gabriel L....., déposant, pour ainsi dire, dans sa cause ; ennemi acharné de mon père, il se vengeait de lui par tous les moyens, et avec cette probité de conscience dont il nous a laissé un si courageux témoignage dans le jugement du 25 germinal...

Que ne doit-on pas suspecter, d'ailleurs,

— 33 —

EXPOSÉ DU 22 MESSIDOR.

de cette déposition provoquée seulement le 27 thermidor précédent, par le Comité de sûreté générale, trois jours avant la présentation du Rapport à la Convention, et plus d'une année après l'arrestation de mon père !

Dans ce repas, il fut aussi question d'arrêter Gabriel L...., Dant.. (1), le président et l'accusateur public du tribunal révolutionnaire d'Arras ; c'était l'avis de Duquesnoy ; mais *Le Bon dissimula pendant cinq jours*, et ce ne fut que le 30 germinal qu'il décerna des mandats d'arrêt *contre les quatre prévenus* auxquels il joignit l'adjudant-général L......, frère du juré, parce que ce militaire s'était exprimé avec chaleur sur *la violence qu'on avait essayé de faire à la conscience des jurés.*

Les explications déjà données au § 11 réfutent la principale de ces imputations ; c'est pour leurs déclamations contre-révolutionnaires, à l'occasion de la loi du 27 germinal, que les Défectionnaires furent arrêtés le 30, et non pour le jugement du 25 germinal, auquel deux des quatre individus arrêtés étaient étrangers, l'adjudant-général et l'accusateur public, qui était même absent d'Arras le jour du jugement.

C'est à tort qu'on parle ici du juré Dant.., *resté constamment en liberté.*

Enfin, aucune violence n'avait pu être commise, ni essayée contre la conscience des jurés dans une discussion *postérieure à leur verdict.*

Le 15 floréal, Le Bon, qui avait ordonné de faire des informations contre ces quatre citoyens, les fit traduire au Comité de sûreté générale de la Convention, pour y rester en arrestation jusqu'à son retour de Cambrai. Les motifs qui le décidèrent à les poursuivre se trouvent dans son arrêté du 15 floréal ; on y voit que les frères L......, l'accusateur public et le président du tribunal révolutionnaire sont prévenus :

D'*intrigues* pour sauver l'aristocratie ;

De *prévarications* dans leurs fonctions ;

C'est ce qui regarde le jugement du 25 germinal ;

C'est le trafic qu'ils faisaient de leurs fonctions (*voir la dernière note de ce §*) ;

(1) C'est un des jurés de la majorité au jugement du 25 germinal.

Exposé du 22 Messidor.

De tentatives pour avilir la Représentation nationale et tourner contre les patriotes les mesures révolutionnaires.

Ces reproches, que Le Bon a faits à ces fonctionnaires dans un style digne de Robespierre, paraissent très-graves, et cependant on voit par *une note* écrite de sa main au bas d'une lettre de Duquesnoy, que tout leur crime était d'avoir acquitté les quatre prévenus jugés avec la veuve B...

Dans la lettre que Duquesnoy avait écrite à son collègue, il applaudissait aux mesures vigoureuses qu'il avait prises ; voici la note de Le Bon :

« Nota. Ce que m'écrivait
» à cette époque Duquesnoy
» n'est pas surprenant, puis-
» qu'il a été témoin de la pro-
» cédure infâme où les vieilles
» bigotes ont péri (avec jus-
» tice cependant) et où D......,
» le dix fois contre-révolu-
» tionnaire D......, prévenu du
» même délit, et de la même
» manière, ensemble, de plu-
» sieurs autres crimes, a été
» acquitté, grâce aux soins
» de L......, Dant., etc. Dès le
» même soir, Duquesnoy vou-
» lait que, de concert avec lui,
» j'arrêtasse L......, tant *les in-
» trigues* de ce dernier étaient
» révoltantes » (1).

Cette pièce explique ce que Le Bon entendait par *les intrigues* de L...., etc. ; c'était d'avoir résisté à son influence, en opinant en faveur de D.....

Ce sont leurs déclamations contre-révolutionnaires des 29 et 30 germinal.

Cette note ne dit rien de ce que le Rapporteur lui fait dire ; elle est, au contraire, parfaitement conforme à toutes les explications que nous avons données jusqu'ici.

Mais le Rapporteur pouvait tout se permettre dans ce factum improvisé aux débats, et dont il était impossible que mon père saisît et retînt dans sa mémoire les détails multipliés pour y répondre ; n'est-il pas évident, d'ailleurs, que la citation si inutile de cette note, les commentaires qu'on y rattache, ainsi que tous les détails si étrangement accumulés ici, n'avaient d'autre but que de fatiguer l'Assemblée et le public, de jeter la confusion dans les esprits, et de les préparer à la demande qu'on allait faire *pour la seconde fois* à la Convention, de renvoyer, sans plus de débats, aux tribunaux l'appréciation d'une affaire *si longue et si compliquée ?*....

Des *intrigues* consistant à *résister en opinant !*...

Mais, alors, les six autres jurés qui avaient voté comme Gabriel L......, auraient été

---

(1) La lettre de Duquesnoy et la note de mon père qui l'accompagne, avaient sans doute été envoyées par ce dernier, à titre de renseignement, au Comité de sûreté générale, au moment où il s'était décidé, en partant pour Cambrai, à traduire les prévenus devant ce Comité ; et c'est au Comité de sûreté générale que la Commission des 21 l'avait retrouvée.

Exposé du 22 Messidor.

coupables *des mêmes intrigues* que lui, et auraient dû être arrêtés comme lui!

Et en quoi donc auraient consisté *les intrigues* du Président du tribunal et de l'Accusateur public qui, eux, n'avaient pas voté (1)?

Voilà pourquoi il leur fit des reproches en public et en particulier, pourquoi il les destitua et les incarcéra le 30 germinal; pourquoi il ordonna d'informer contre eux; de les mettre au secret; de les conduire au Comité de sûreté générale, le 15 floréal; enfin, voilà pourquoi il les fit incarcérer de nouveau *avec leurs femmes et leurs enfants;* car

Mensonges, calomnies manifestes!..

---

(1) Courtois, dans les pièces justificatives, à la suite de son *Rapport sur la conjuration de Robespierre*, a publié, nº 79, la lettre écrite par mon père au Comité de salut public, pour lui rendre compte de l'arrestation des individus dont il s'agit, *au moment même où elle avait eu lieu;* les faits, les motifs y sont les mêmes que ceux qu'il a allégués plus tard pour sa défense; et, cependant, il n'avait alors rien à dissimuler, puisque, chaque jour, la Convention lui donnait l'exemple de son intervention violente dans les jugements des tribunaux criminels.

Voici cette lettre, qui est datée du 3 floréal :

« On a bien raison de dire que les circonstances font connaître les hommes; depuis
» six mois, comme Représentant du peuple, depuis trois ans, comme ami sincère
» de la liberté, je suivais tous les pas de certains soi-disant patriotes, qui étaient
» bons, à la vérité, pour écraser la tyrannie par l'audace, mais que le défaut de
» vertus, les passions viles, les inclinations financières me paraissaient rendre
» impropres et même funestes à l'affermissement de la Révolution. Le Président,
» l'Accusateur public, l'un des principaux membres du Comité de surveillance,
» *plus que soupçonnés sur l'article de la probité et de la justice*, ONT ÉTÉ LES
» PREMIERS A TRAVESTIR CONTRE L'ÉNERGIE QUE NOUS DÉVELOPPONS, LE DÉCRET DE
» LA CONVENTION NATIONALE; ces hommes qui, cinq jours auparavant, s'étaient
» compromis *en influençant sans pudeur* l'absolution d'un avocat contre-révolu-
» tionnaire, n'ont pu pardonner aux patriotes purs et clairvoyants d'avoir ÉCLAIRÉ
» LEURS MANŒUVRES et de les avoir condamnées; dans leur rage imprudente,
» croyant l'occasion favorable, ils se sont livrés à des propos indignes dans la
» bouche d'un simple citoyen, atroces dans celle de fonctionnaires publics. Ils sont
» depuis décadi en lieu de sûreté, et leurs places, au grand contentement de tout
» le peuple, ont été confiées à des braves qui n'ont pas besoin de briser les
» échafauds. »

EXPOSÉ DU 22 MESSIDOR.
il est bon d'observer ici qu'il avait fait arrêter les femmes de ces patriotes qui, cependant, furent enfin connus pour tels, et obtinrent leur liberté définitive du Comité de salut public par un arrêté du 6 *thermidor*, conçu en ces termes :

« Le Comité de salut public,
» considérant que le citoyen
» D...... (l'accusateur public),
» les frères L......, B...... (le
» président), et leurs femmes,
» ont donné des preuves du
» patriotisme le plus pur depuis l'origine de la Révolution,
» Les met définitivement en
» liberté. »

Aucune femme, aucun enfant n'ont jamais été arrêtés dans cette affaire ;

Et, des quatre individus relaxés par le Comité de salut public, *un seul*, le membre du Comité de surveillance Gabriel L....., avait pu être repris.

La preuve, sur l'un et l'autre point, émane de ces individus eux-mêmes.

L'Adjudant-général, frère de Gabriel L....., en effet, est venu, dans la séance du 6 messidor an II, à la Convention, accompagné de Guffroy, réclamer contre la nouvelle poursuite dirigée contre eux, et nulle part il n'est question, dans son discours, de femmes ni d'enfants arrêtés ; on y remarque, au contraire, les passages suivants :

« .... Je viens réclamer la liberté de
» *mon frère*; je viens vous parler, afin que
» vous ordonniez que je jouirai de la pléni-
» tude de *la mienne*. . . . . . .
» . . . .
» Par arrêté du Comité de salut public, du
» 18 prairial, nous fûmes mis en liberté. .
» . . . .
» Joseph Le Bon, malgré la communication
» de l'arrêté, menaça de nous faire arrêter
» de nouveau ; et, en effet, *il a fait incar-
» cérer Gabriel L....., mon frère*, sans qu'il
» y ait rien de nouveau à sa charge ; je suis
» menacé du même sort que lui, si je re-
» tourne à Arras pour prendre mes chevaux,
» mes papiers et mes armes. . . . .
» . . . .
» Représentants, faites rendre la liberté
» *à mon frère!* » (*Moniteur, messidor an II,
n° 277.*)

Exposé du 22 Messidor.

L'orateur, comme on le voit, était libre, et non pas incarcéré, comme l'avance le Rapporteur.

Il en était de même du Président, de l'Accusateur public, contre lesquels il n'y avait eu *que des menaces.*

Et, pour ce qui est de femmes et d'enfants, il n'en est pas dit un mot, quoique assurément une réclamation aussi intéressante n'eût pu être omise, ne fût-ce que comme nouveau grief à exploiter contre mon père.

Quant à l'arrêté du Comité de salut public lu à la tribune par le Rapporteur, il n'y est aucunement question d'enfants; et, à l'égard des femmes, il ne dit même pas positivement qu'elles fussent incarcérées, quoiqu'il le donne à entendre; mais fût-il plus explicite, il ne pourrait, en présence des autres mensonges irrécusablement établis, être considéré que comme un mensonge de plus, et les termes mêmes dans lesquels il est conçu, inconciliables avec la date qui lui est donnée, antérieure au 9 thermidor, sont une nouvelle preuve de sa fausseté.

La Convention nationale peut juger, d'après ces détails, quelle était l'influence que Le Bon exerçait sur le tribunal d'Arras.

Et moi, je soutiens que cette affaire, où se révèle si incontestablement la prévarication habituelle (1) à quelques hommes auxquels

---

(1) Les preuves de cette prévarication habituelle abondent, sans qu'il soit nécessaire de sortir des éléments mêmes de ces débats.

L'acquittement, *sur la question intentionnelle* du riche L....., *reconnu auteur du même fait de distribution de faux assignats, pour lequel plusieurs malheureux venaient d'être frappés* (§ 16);

La simple traduction au tribunal criminel *ordinaire* du comte de B.... P...., qui devait être *jugé révolutionnairement;* et la suppression, dans son acte d'accusation du chef d'*émigration personnelle,* dont on avait la preuve écrite sous la main (§ 17),

Viennent joindre leur témoignage à celui du jugement du 25 germinal, et je rappellerai, en outre, que, dès le mois de juillet 1793, Guffroy dénonçait, dans son *Rougiff,* l'accusateur public D......., comme *se mêlant de tripotages.* (*Voyez pag.* 20.)

mon père se trouva malheureusement associé, en jetant pleine lumière sur les mobiles différents qui les animaient des deux côtés, explique l'animosité dont ce dernier fut l'objet de la part des premiers, et le replace, lui, sous le véritable jour de probité, de droiture et de patriotisme qui lui appartient ; je soutiens que, dans cette affaire, qu'on cite comme *celle où se serait le plus manifestée* l'influence de mon père sur les jugements du Tribunal révolutionnaire, les faits qui ressortent avec le plus d'évidence, c'est que des magistrats, c'est que des jurés, en assez grand nombre pour composer, parfois, la majorité, ne craignaient pas, quand cela leur convenait, de braver, tout à la fois dans leurs décisions, et les sentiments publiquement exprimés par mon père, et les plus palpables indications de la raison, de la justice et de l'humanité ;

C'est que, par respect pour ce caractère de magistrats et de jurés, il s'était refusé à punir, non seulement *le vote* des jurés, mais même *les intrigues* qui avaient préparé et décidé ce vote ;

Et que si, cinq jours après le jugement, un des jurés et un des magistrats qui y avaient concouru, ont été arrêtés *avec un autre magistrat qui y était étranger,* ce fut pour des causes et dans des circonstances qui y étaient également étrangères.

Cela était, au contraire, très-nécessaire, et l'on peut être assuré que la Commission n'eût pas manqué de citer d'autres exemples, s'il en avait réellement existé.

[marginalia: Exposé du 22 Messidor.]

[marginalia: Nous croyons inutile de citer de nouveaux exemples.]

§ 16.

Le citoyen L..... est traduit par arrêté de Le Bon au tribunal ; Le Bon annonce à la Société populaire que L..... périra. Cet *innocent* est acquitté. *Le lendemain*, Le Bon le fait saisir de nouveau ; il est une seconde fois mis en jugement, et, le surlendemain, il est guillotiné.

L'*innocent* L......, parent d'émigré, et déjà précédemment détenu comme suspect, avait distribué de faux assignats..... Le fait était *reconnu constant* par le jury...

Plusieurs individus pauvres venaient d'être condamnés pour le même fait.

L......, qui était riche, fut acquitté *sur la question intentionnelle !*...

C'était un odieux scandale ; mon père, ayant eu connaissance de faits de distribution *autres* que ceux sur lesquels il avait été jugé, le fit reprendre et juger sur ces autres faits, non pas *le lendemain,* mais quelques jours après. (*Moniteur, n° 296, an III, séance du soir, du 22 messidor.*)

§ 17.

B..... C....., ci-devant noble, était au tribunal ; il est acquitté ; Quoi ! s'écrie Joseph Le Bon, un riche, un ci-devant est acquitté !

B..... C..... est réincarcéré, condamné et exécuté pendant la nuit, à la lueur des flambeaux.

Le Bon s'applaudit auprès des Comités de cette mesure : « Des jurés campagnards, dit-» il, ont acquitté un ci-devant » très-riche ; je l'ai fait traduire » au Département, il a été dé-» claré émigré et condamné » comme tel. »

Il y a d'abord ici une erreur de nom qui prouve que le Rapporteur ne savait pas mieux les faits de la Révolution que ceux dont il s'était chargé d'instruire ses collègues.

B...... C......, dont les journaux avaient entretenu la France à diverses reprises, a été condamné révolutionnairement *à Paris,* le 9 floréal an II (28 avril 1794) ; il s'agit ici d'un autre B....., du comte de B...... P....., probablement son parent.

Quant au fait reproché à mon père à son sujet, il doit, comme les précédents, venir, au contraire, à sa justification, parce que, comme les premiers, il se lie à la lutte que mon père soutenait contre les prévarications et la vénalité de certains fonctionnaires.

Par la grandeur de son nom, par l'importance de ses richesses, le comte de B..... était un des hommes de l'ancien régime qui avaient dû attirer, des premiers, sur eux, les animosités révolutionnaires; aussi avait-il été arrêté, à Arras, dès le 24 nivôse an Ier (janvier 1793), avant même que mon père ne fût appelé à la Convention.

Mais, grâce à la protection *de l'Accusateur public*, qu'il avait su mettre dans ses intérêts, quinze jours après son arrestation, il était en liberté, et se promenait dans les rues d'Arras.

L'opinion publique s'en émut vivement; des plaintes énergiques s'élevèrent contre l'Accusateur public, qui, craignant de s'être trop gravement compromis, se vit obligé de revenir sur ce qu'il avait fait, et de réincarcérer son protégé.

Toutefois, les choses n'allèrent pas plus loin; et, pendant six mois, le comte de B..... resta en prison sans être jugé, quoiqu'il y eût à la fois à sa charge la double imputation d'avoir personnellement émigré, et de s'être, en outre, rendu complice d'autres émigrations.

Mais, à l'arrivée de mon père dans le Pas-de-Calais comme Représentant en mission, ce fut, auprès de lui, le sujet de toutes les plaintes, de toutes les dénonciations.

La mise en jugement fut ordonnée.

Que fait alors l'Accusateur public? Lui qui, vis-à-vis de tout autre prévenu de cette nature, agissait toujours révolutionnairement, il traduit le comte de B..... devant le tribunal criminel *ordinaire*, sur la simple inculpation *de complicité d'émigration;* et là, devant des jurés campagnards et des magistrats fort inattentifs, pour ne rien dire de plus, le comte de B......, en produisant des certificats de résidence délivrés par des municipalités de campagne, certificats dont la loi du 28 mars 1793 prononçait textuellement l'annulation, le comte de B...... se fait absoudre et mettre de nouveau en liberté!..

C'était encore là un jugement scandaleux; mon père, quand il le connut, partagea l'indignation générale, et il dut ne pas se borner là.

Le comte de B......, en effet, n'avait été traduit, et, par conséquent, jugé que sur le fait de complicité d'émigration; restait le fait à sa charge le plus grave, le fait d'émigration personnelle, qui était en même temps le mieux établi, puisque la preuve en existait, écrite, dans les bureaux de l'administration du département; mon père le fit reprendre, déclarer émigré par le département, et condamner. (*Lett. justif.*, n° *VI, pag.* 5.)

L'exécution aux flambeaux n'avait d'ailleurs rien que de conforme à la loi, qui prescrivait l'exécution immédiate des condamnations révolutionnaires; et le premier individu jugé révolutionnairement à Paris, le 6 avril 1793, avait été exécuté le soir, à huit heures et demie, cinq heures après sa condamnation (1). (*Histoire parlementaire de la Révolution*, tom. *XXV, pag.* 304.)

---

(1) De nos jours, le fait s'est renouvelé sans donner matière à aucune critique. On lit dans le journal *des Débats*, du 28 août 1837 : « Evreux, 24 août ; hier, a eu
» lieu l'exécution du nommé Pinel, condamné à mort par la cour d'assises de l'Eure,

C'est en faisant allusion au défenseur du comte de B...... que le Rapport, sous le § 14, reproche à mon père d'avoir fait arrêter *des* défenseurs officieux ; cette mesure avait été motivée par le tort qu'avait eu le défenseur de surprendre la religion des jurés, en faisant valoir devant eux ces certificats de résidence annulés par la loi du 28 mars 1793. Sans doute il eût été préférable que l'Accusateur public et le Président fissent eux-mêmes respecter la loi, et rejeter du débat des certificats proscrits comme suspects ; mais si l'Accusateur public et le Président étaient de connivence avec un riche prévenu, mon père devait-il donc, comme eux, déserter ses devoirs ? et, investi d'une surveillance comme de pouvoirs illimités, devait-il s'arrêter devant le privilège d'un défenseur bravant les lois sous les yeux de la justice ?

La leçon donnée à ce défenseur ne fut, d'ailleurs, pas bien rigoureuse ; car mon père le fit amener devant lui aussitôt après son arrestation ; il lui adressa les reproches qu'il méritait, et le remit en liberté (1).

» pour assassinat commis sur la personne de sa femme. *C'est le soir à la lueur des*
» *flambeaux*, à l'heure où les travaux ont cessé, que l'échafaud a été dressé ; aussi,
» les spectateurs ne manquaient pas. »

(1) L'explication de mon père sur ce point a été mise *en note* au bas d'une page, *au Moniteur*, et cela a fait penser aux auteurs de l'*Histoire parlementaire de la Révolution française* (tom. XXXV, pag. 289), que cette note provenait de mon père, *à qui les épreuves du Moniteur auraient été communiquées pour recevoir ses corrections et additions.*

Je dois protester contre cette supposition, qui ferait croire que le *Moniteur* présente la défense complète de mon père, tandis que, dans ce journal, comme dans tous les autres, elle a été odieusement tronquée, dénaturée et travestie. Mon père s'en est

§ 18.

Le Bon a fait périr six chanoines, en les accusant, mais ce fait n'est pas déclaré constant par les jurés, d'avoir signé une protestation contre les décrets de l'Assemblée constituante. Ces signatures, si elles existaient, étaient couvertes de l'amnistie prononcée par l'Assemblée constituante.

Plusieurs ci-devant nobles avaient, en 1789, signé une PÉTITION dans laquelle ils *demandaient* la conservation de leurs privilèges. Ces privilèges ont été anéantis, ces citoyens se sont constamment soumis aux lois ; Le Bon les a fait monter à l'échafaud pour le seul fait de la PÉTITION. Un d'eux fut acquitté, et Le Bon déclama avec violence contre les jurés.

La Convention avait, la première, mis de côté l'amnistie prononcée en 1791 par l'Assemblée constituante, en faisant remonter, dans le procès de Louis XVI, les faits incriminés jusqu'en 1789.

Plus tard, elle en avait donné un second exemple, en traduisant, le 29 pluviôse an II, devant les tribunaux, le sieur Chaudot, accusé d'avoir favorisé l'emprunt de 1790.

Et, plus tard encore, en ordonnant, le 12 prairial an II, la recherche des « auteurs » ou complices du massacre des citoyens de » la Chapelle, près *Franciade* (Saint-Denis), » commandé par le traître Lafayette, pour » être envoyés et jugés au Tribunal révolu- » tionnaire ! »

Mon père, néanmoins, lorsqu'à son arrivée dans le Pas-de-Calais il se vit assailli de dénonciations au sujet des individus dont il s'agit, commença par se retrancher derrière l'amnistie de 1791 ; puis, pressé par l'insistance des dénonciateurs, en référa au Comité de salut public ; on connaît la réponse de ce Comité :

« L'amnistie prononcée lors de la Cons-

---

formellement exprimé dans ses lettres à ma mère, notamment dans celle du 17 messidor an III, n° 61, et dans celle du 11 vendémiaire an IV, n° 74 ; et, au surplus, l'acharnement de la Convention contre lui réfutait suffisamment seul la supposition des auteurs de l'Histoire parlementaire.

La note du *Moniteur* est extraite, mot à mot, des *Lettres justificatives* de mon père, n° VI, pag. 5 ; et si mon père avait demandé l'addition de cette note au compte-rendu du *Moniteur*, il aurait, à bien plus forte raison, demandé qu'on substituât à la réponse confuse, inexacte et incomplète que le *Moniteur* lui fait faire sur le paragraphe relatif au comte de B......, les explications qu'il avait également données à ce sujet dans ces Lettres justificatives.

» titution Capétienne, et invoquée par tous
» les scélérats, est un crime qui ne peut en
» couvrir d'autres. Les forfaits ne se rachè-
» tent pas dans une République, ils s'expient
» sous le glaive; le tyran l'invoqua, le tyran
» fut frappé.

» BARÈRE, CARNOT, BILLAUT-VARENNES. »

Ici, du reste, comme partout, la Commission dénature et falsifie les faits en les rapportant.

Ce n'est pas seulement *pour avoir signé* la protestation que les ex-chanoines avaient été traduits au Tribunal révolutionnaire, mais pour l'avoir, en outre, *colportée et répandue en leur nom*.

Et, quant aux ci-devant nobles, ce n'est pas une PÉTITION pour *demander* la conservation de leurs privilèges qu'ils avaient signée, c'était aussi une *protestation* contre toutes les opérations de l'Assemblée nuisibles à leurs privilèges (1); cette protestation était consignée sur un registre qui avait été découvert *enterré*, et plusieurs circonstances récentes montraient qu'en cachant le registre, on avait voulu se réserver un moyen de contre-révolution.

Enfin, il est faux que mon père ait déclamé contre l'acquittement du sieur Th......, l'un des ci-devant nobles; il n'avait parlé de lui qu'*avant le jugement*, à la Société populaire, pour remontrer avec quelle réserve on devait accueillir, en général, les manifestations les

---

(1) Le Rapporteur a, lui-même, rectifié son Rapport *aux débats* devant la Convention, mais le Rapport seul était destiné à une véritable publicité ; en fait de procès de cette nature, combien y a-t-il de lecteurs qui aillent au-delà de l'acte d'accusation ?

plus patriotiques de la part des personnes appartenant à la classe nobiliaire ; et on voit que son discours n'avait en rien porté atteinte à l'indépendance des jurés. (*Lett. justif.*, n° *VI*, pages 3 et 4.)

SECOND CHEF.

Oppression des citoyens en masse.

§ 19.

Le Bon, au mépris de la loi, déléguait ses pouvoirs et répandait dans les départements du Nord et du Pas-de-Calais des agents qui y portaient la terreur.
Un de ses arrêtés enjoignait aux acteurs de ne paraître sur la scène que revêtus d'un costume qu'il avait désigné, sous peine d'être traités comme suspects.

C'est à Cambrai, dans une ville en état de siège, que fut pris cet arrêté, non pas par mon père, mais par deux fonctionnaires à qui il avait délégué une haute surveillance de police sur les lieux publics.

La loi qui défendait aux fonctionnaires publics de déléguer leurs pouvoirs, ne concernait évidemment pas des Représentants en mission, investis de pouvoirs illimités.

Quant à l'arrêté en lui-même, probablement ses auteurs avaient eu en vue d'empêcher des allusions hostiles à la Révolution, ou peut-être même de provoquer des manifestations en sa faveur ; leur but n'était que louable ; et alors même qu'ils se seraient trompés dans le choix du moyen, il n'y aurait pas là de quoi crier *à l'oppression !* En tout temps, et à plus forte raison dans une ville menacée par l'ennemi, les théâtres sont soumis aux mesures préventives de la police, et l'obligation imposée aux comédiens de joindre à leur costume quelque accessoire de circonstance n'est assurément pas un grand acte de tyrannie ; le refus seul qu'ils feraient de s'y soumettre pourrait, en pareil cas, avoir sa gravité.

§ 20.

Lors de son entrée à Cambrai, il accabla les administrateurs d'injures et de reproches.

L'ennemi était aux portes de la ville quand mon père y arriva; on n'y portait plus la cocarde; les fonctionnaires publics n'étaient plus à leurs postes..., n'était-ce donc pas une obligation pour lui de leur parler sévèrement et de les rappeler au sentiment de leur devoir?

Il le fit d'ailleurs avec la mesure convenable; tous ces fonctionnaires restèrent même en place et lui apportèrent ensuite un concours dévoué et sans réserve. (*Moniteur, an III, n° 296, séance du soir, du 22 messidor.*)

§ 21.

Le Comité de surveillance lui demandait dans une affaire un ordre écrit:
« Si le Comité veut des for-
» mes, lui répondit Le Bon,
» au moment où les conspira-
» teurs nous assassinent, il ne
» me restera pas le moyen de
» sauver le peuple dans cette
» partie de la République qui
» m'est confiée. »

Ce n'est pas personnellement à des membres du Comité de surveillance que mon père fit cette réponse, mais au greffier, qu'il connaissait pour un contre-révolutionnaire, se plaisant à entraver l'action de l'administration, et qui, pourtant, était maintenu en place, grâce à ses protections dans ce Comité....

Quel crime énorme à articuler devant la Convention !

§ 22.

Sa porte était chargée de cette inscription :
« *Ceux qui entreront ici*
» *pour solliciter des mises en*
» *liberté, n'en sortiront que*
» *pour aller en prison.* »
Souvent il a tenu parole; des familles entières ont été incarcérées.

Ce n'était là, évidemment, qu'une inscription purement comminatoire, et la Commission en impose en avançant le contraire; son Rapporteur n'a pu citer, devant la Convention, un seul de ces individus, une seule de ces *familles entières*, qui auraient été incarcérées pour un semblable motif. Hélas! cette précaution de mon malheureux père montre quelle lutte il avait à soutenir contre lui-même dans le poste terrible où on l'avait placé ! Elle atteste aussi cette irréprochable probité, que ne souilla jamais la pensée même des honteuses spéculations qui se pratiquaient autour de lui ; et ce n'est que dans un temps et dans une Assemblée où le sens moral était entièrement perverti, qu'on a pu ériger en crime une mesure semblable, prise par un fonctionnaire public que tant et de si puissantes séductions devaient circonvenir !

Mais, en repoussant les sollicitations orales, mon père accueillait, provoquait même les sollicitations écrites. Lui-même, dans une foule de lettres adressées aux agents nationaux, s'enquérait continuellement des détenus qui pouvaient être élargis sans danger pour la chose publique. A Arras, enfin, une Commission de sept membres avait été établie par lui avec la mission unique de proposer des mises en liberté. (*Lett. just.*, n° *VIII*, *Moniteur, ibid.*)

§ 23.
L'amitié fut proscrite et la fidélité domestique punie.

Pure déclamation ; il ne s'agissait pas de *punir les domestiques non plus que les maîtres ;* ces derniers étant arrêtés comme suspects de se livrer à des trames coupables contre la République, les laisser communiquer librement par leurs domestiques avec le dehors eût été rendre la mesure inutile, et, dès-lors, exclusivement vexatoire. Ces domestiques, dévoués à leurs maîtres, étaient, d'ailleurs, pénétrés des mêmes sentiments qu'eux ; enfin, on leur avait laissé le choix, et ils n'étaient détenus que parce qu'ils l'avaient ainsi voulu. (*Moniteur, ibid.*)

§ 24.

Les détenus étaient dépouillés de leurs vins, meubles et effets; Le Bon faisait distribuer le tout aux habitués des tribunes de la Société populaire.

A part le bois que des prêtres détenus avaient en provisions considérables dans ce rigoureux hiver de 1794, il n'était rien pris aux détenus que pour leur être restitué à leur sortie de prison. Telle était la condition formelle et écrite apposée par mon père à l'arrêté pris à ce sujet, non pas par lui, mais par le Département, qui n'avait fait, d'ailleurs, que se conformer à ce qui se pratiquait dans tous les autres départements.

A l'égard du bois, mon père avait cru bien faire, d'établir un chauffoir commun pour les prêtres détenus, et de distribuer le bois qui leur devenait inutile aux patriotes indigents de la Société populaire. (*Moniteur, ibid.*)

§ 25.

Une estrade fort élevée était publiquement exposée; un fauteuil y était placé; on y faisait asseoir ceux que Le Bon jugeait à propos de *punir de ce genre de supplice*.

Ce genre de supplice est imposé partout et dans tous les temps à toute personne qui comparaît devant une réunion nombreuse, et qui doit y parler. Il faut bien que cette personne soit en dehors de l'Assemblée, qu'elle y soit en vue, et que sa parole arrive sans obstacle à ses auditeurs.

La Convention, par son décret du 22 frimaire an II, avait invité les Sociétés populaires *à réunir leurs efforts et leur surveillance à celle des Représentants du peuple pour déjouer les complots des conspirateurs et des faux amis de la liberté;* mon père ne faisait que se conformer à la lettre de ce décret en interrogeant, à la Société populaire, les individus arrêtés comme suspects. Cet examen public avait ses avantages ainsi que ses inconvénients, et plusieurs personnes arrê-

§ 26.

Un jeune cultivateur, *pour se soustraire à la réquisition, jouait le saint;* son père, sa mère et ses sœurs furent *exposés comme fanatiques.*

La mère levait les yeux au ciel ; Le Bon s'approche, un pistolet à la main (il en portait toujours à sa ceinture) ; il ordonne à cette citoyenne de répondre ; elle garde le silence et laisse ses yeux fixés vers le ciel : « Voyez, dit Le Bon, ces
» fanatiques, voilà comme ils
» sont tous ; ils lèvent les yeux
» au ciel comme s'ils pouvaient
» en obtenir quelque chose. »

tées lui dûrent d'être mises immédiatement en liberté. (*Moniteur, ibid.*)

Le jeune cultivateur dont il s'agit, *déserteur de la* PREMIÈRE *réquisition*, et suscité, à coup-sûr, ainsi que sa famille, par les ennemis de la Révolution (1), cherchait à soulever par ses manœuvres fanatiques les populations des campagnes, fort mal disposées sur cette frontière, et renommées surtout par leur opposition à la loi du recrutement. Longtemps caché dans une grange, il avait imaginé de prétendre y être mort, puis ressuscité pour ne plus mourir..... Il présageait des malheurs, des catastrophes pour la France et la Révolution.... Son père, sa mère, ses sœurs, lui servaient d'agents, allaient dans tout le voisinage lui quêter des sectateurs, et, chaque soir, des rassemblements se formaient autour de lui.

Qu'y a-t-il, je le demande, qui tombât plus directement sous le coup de la loi révolutionnaire ?.. Et, de tous les individus atteints par cette loi, en pourrait-on citer qui fussent moins dignes de pitié que de pareils artisans de troubles, chez qui l'on ne peut pas même supposer l'excuse de la bonne foi ?

Ajoutons que, déjà, dix-huit mois auparavant, un autre intrigant de la même espèce, en se faisant passer pour *Dieu*, dans une

---

(1) Une lettre étrangère interceptée et publiée dans le *Journal des Débats*, d'août 1793, pag. 167, portait : « Nous avons des émissaires répandus dans le Nord » pour empêcher les habitants des campagnes de se lever en masse, et cela réussit à » merveille. »

autre commune du Pas-de-Calais, celle de Lens, y avait, ainsi que dans les campagnes voisines, excité des soulèvements et un esprit de rébellion tel, qu'il avait fallu recourir à la force ouverte et au canon pour en venir à bout.

Ajoutons enfin que le fait se passait au commencement de prairial an II, pendant que mon père était à Cambrai menacée par les Autrichiens, et, par conséquent, au moment le plus critique.

Aussi n'est-ce pas mon père qui avait fait arrêter cette famille, mais bien les administrateurs du district d'Arras; mon père n'intervint dans l'affaire, étant revenu de Cambrai, que pour interroger lui-même les prévenus à la Société populaire, espérant leur arracher la révélation de ceux qui les avaient fait agir; mais tous ses efforts y furent vains, et les cinq individus jouèrent jusqu'au bout leur rôle d'illuminés. Ils comparurent donc au Tribunal révolutionnaire, qui les condamna. (*Lett. just.*, n° *IV, Moniteur, ibid.*)

Releverai-je encore ici la mauvaise foi de l'exposé fait par la Commission? Il ne s'agissait pas d'un *jeune cultivateur voulant se soustraire à la réquisition*, mais d'un *déserteur de la première* réquisition; ce n'est pas *pour se soustraire* à la réquisition qu'il *jouait le saint*, puisque c'était attirer sur lui l'attention de l'autorité qu'il eût été de son intérêt de chercher à éviter; enfin, ni lui, ni ses parents ne furent *exposés comme fanatiques*, mais interrogés publiquement à la Société populaire *sur leurs manœuvres fanatiques*.

§ 27.

Une jeune fille de 17 ans subit la même épreuve pour n'avoir pas voulu danser avec les patriotes.

Cette jeune personne était cousine de mon père, qui, il est vrai, n'avait aucun rapport avec elle et ne la connaissait même pas ; elle avait été arrêtée comme *suspecte*, sans doute à cause de ses relations, car elle a fini par épouser un ci-devant noble.

Il est faux que ce fût pour avoir refusé de danser avec des patriotes ; ce n'est même pas mon père, mais un membre de la Société populaire qui lui adressa cette interpellation.

Elle fut, d'ailleurs, immédiatement remise en liberté.

§ 28.

Un témoin atteste avoir vu Le Bon se repaître du spectacle du supplice. Il voyait couler le sang avec plaisir. Un jour, il suspend l'exécution d'un condamné, et, rayonnant de joie, va lire un papier-nouvelles au malheureux qu'on allait assassiner.

Le malheureux qu'on allait *assassiner*, dans le langage de la Convention de thermidor, n'était rien que le marquis de V......., un des contre-révolutionnaires les plus déterminés du département, arrêté dès 1792, par les Commissaires de la Convention Doulcet de Pontécoulant, Delmas, Bellegarde, Duquesnoy et d'Aoust, qui, à cette époque, avaient ainsi annoncé son arrestation dans une lettre datée de Béthune, 5 octobre :

« . . . .
» Le Pas-de-Calais est, comme le Nord,
» farci d'aristocrates de toute espèce, dont
» les intelligences avec les Autrichiens sont
» aussi dangereuses pour la patrie que pré-
» judiciables au maintien de l'ordre.
» Les espions, les agitateurs, sont en ce
» moment les hommes les plus nuisibles ;
» leur ôter les moyens de nuire, c'est servir
» essentiellement la République, et c'est

» dans cet esprit que nous nous sommes
» conduits en faisant arrêter l'aristocrate
» Geneviève de V...., dont le ci-devant châ-
» teau nous a été dénoncé comme un asile
» de conspirateurs et un rendez-vous d'es-
» pions. Il a résisté à la force armée, et
» s'est donné le temps, par cette résistance,
» de brûler les preuves de ses intelligences
» avec les ennemis du dehors et du dedans.
» On vient de le ramener ici, on l'a sauvé
» de la fureur des citoyens qui voulaient
» l'immoler à leur vengeance.

» *P. S.* A l'attaque du château de V......,
» trois gardes nationaux de Béthune et un
» garde national de Douay ont été bles-
» sés. » (*Moniteur*, 1792, n° 282.)

On avait, en outre, trouvé dans ceux de ses papiers qu'il n'avait pu brûler, une lettre d'un de ses neveux, datée de Coblentz, et conçue en ces termes :

« Mon cher oncle, nous sommes déjà
» deux cent mille hommes rassemblés ; nous
» allons nous mettre en marche ; arrivés à
» Tournay, je vous en instruirai pour que
» vous avertissiez l'aimable petite nation à
» qui nous allons faire croquer des bon-
» bons. »

Voilà pour le fond de cet *assassinat*.

Quant à la forme,

Ce n'est pas *au condamné*, mais au peuple rassemblé sur la place, en attendant l'exécution, que mon père vint annoncer une victoire remportée à Menin, victoire dont la nouvelle lui arrivait à l'instant, et qu'il jugeait d'autant plus urgent de publier, que, le matin même, les ennemis de la Révolution avaient faussement répandu le bruit de la prise de Réunion-sur-Oise (Guise) (1) par les Autrichiens.

Il est faux, d'ailleurs, que mon père ait suspendu l'exécution pour *aller lire* le papier-nouvelles, car il était sur la place avant le condamné, qui n'y arriva qu'au moment où mon père achevait sa lecture; et il ne s'occupa de lui que pour s'écrier, dans un élan d'indignation civique, que les circonstances du temps peuvent seules expliquer : « Que les » ennemis de la patrie emportent en mou- » rant le désespoir de nos succès ! »

Enfin, et au dire même de l'*unique* témoin entendu sur ce fait par la Commission, la suspension n'aurait été que d'*un instant*..... Ce que la Commission s'est bien gardé de rappeler dans son Rapport, aimant mieux laisser le public sous l'impression des récits qu'en avaient fait pendant une année entière les libelles et les journaux qui en avaient porté la durée à *une heure*....., et avaient ainsi transformé un simple mouvement d'exaltation en un véritable acte de cannibale.... (*Moniteur, an III, n° 296, Lett. just., n° 2, page 7.*)

---

(1) Cette indication fixe la date du fait dont il est ici question à l'un des cinq jours qui ont suivi le 10 floréal et la capitulation de Landrecies ; ce n'est qu'à ce moment, en effet, qu'on a pu croire la ville de Guise menacée par l'ennemi, dans le cas où il aurait poursuivi sa route vers Paris par le département de l'Aisne ; mais il voulut encore, auparavant, se rendre maître de Cambrai, où mon père s'alla enfermer le 16 floréal. Cette date n'est pas ici sans intérêt ; évidemment, ce qu'on pourrait reprocher d'exaltation à mon père s'atténue singulièrement par le péril imminent de la situation.

§ 29.

Le 14 pluviôse, il déclare par arrêté que, si les femmes et les filles de telles communes s'endimanchent au lieu de venir au marché, la maison des officiers municipaux sera rasée.

Le 19, il prend le même arrêté contre les citoyennes d'Arras; il ordonne à des soldats de police de se répandre dans les rues, dans les places publiques, et d'arrêter toutes les femmes et filles qu'ils trouveront endimanchées.

En opposition aux décrets qui avaient institué le nouveau calendrier (1), des individus, animés de sentiments hostiles à la Révolution, affectaient de célébrer le dimanche et de ne tenir aucun compte du jour de la *décade;* dans les campagnes, cette manifestation hostile allait plus loin : les habitants, fanatisés par leurs prêtres, s'abstenaient d'apporter des provisions au marché d'Arras, quand le jour du marché coïncidait avec le jour du dimanche aboli; et toute la population d'une ville se trouvait ainsi manquer inopinément des objets de première nécessité pour la nourriture.....

Evidemment, cela ne pouvait être toléré; la mesure prise par mon père y coupa court d'une manière définitive et sans qu'on eût besoin, bien entendu, de réaliser aucune des menaces qui avaient été faites.

Quant aux femmes qui, à Arras même, et au nombre d'une vingtaine, bravaient le régime nouveau, en allant étaler dans les promenades leurs toilettes de dimanche, il les manda à son bureau par des agents de police; et, en les admonestant sévèrement, bien plus sur leur hostilité à la Révolution que sur le moyen par lequel elles la manifestaient, il leur enjoignit d'être plus circonspectes à l'avenir et les renvoya chez elles.

Quelles accusations contre un homme placé dans la situation où était mon père!...

---

(1) Décret et instruction jointe du 4 frimaire an II, sur l'ère Républicaine et la nouvelle division de l'année.

Et convenons qu'une autorité vis-à-vis de laquelle on se livrait à de semblables taquineries, n'inspirait pas encore une *terreur* si grande et si générale.

§ 30.

Il donne l'ordre à un district d'arrêter tout homme riche et ayant de l'esprit, qui ne se serait pas prononcé pour la révolution ; il fait apporter la liste de ceux qui paient une contribution au-dessus de 80 livres.

Les ennemis dangereux de la Révolution, ses ennemis véritablement à craindre, n'étaient pas, à coup-sûr, ceux qui étaient dépourvus des moyens de l'intelligence et de la fortune. Mon père, faisant appliquer, à St-Pol, *au mois de frimaire* an II, la loi des suspects rendue un mois auparavant, suivait les principes de la raison et de l'humanité, en cherchant surtout à atteindre ceux à qui leur fortune ou leur esprit supérieur donnait le plus d'importance ou le plus de moyens de nuire.

C'est dans le but de faire lui-même cette recherche qu'il s'était fait apporter la liste des citoyens payant 80 livres de contributions. Il faut, d'ailleurs, faire la part du langage officiel du temps. Le système général était l'intimidation.... mais on rabattait beaucoup, dans l'exécution, de la rigueur des mesures qu'on annonçait ; les faits dont nous parlons en ce moment, ceux du paragraphe précédent, qui datent du mois de pluviôse, et celui du paragraphe qui va suivre, qui est du mois de nivôse, se rattachent à la première mission de mon père, et l'on sait que ce qu'on lui reprochait alors, c'était d'avoir trop cédé au *modérantisme et à une humanité mal entendue*. (*Moniteur, ibid.*)

§ 31.

Il défend, sous peine d'arrestation, de porter un autre bonnet de liberté que le bonnet rouge.

Qui ne devine le motif de cet arrêté? Chacun portant des bonnets de liberté de différentes couleurs, il en était résulté une rixe où le sang avait failli couler; mon père agit prudemment, et bien certainement dans la limite de ses pouvoirs, en ramenant, pour tout le monde, le bonnet de liberté à sa couleur primitive.

TROISIÈME CHEF.
Exercice de vengeances particulières.

§ 32.

Le Bon avait de vieilles haines contre plusieurs citoyens d'Arras; ramené dans sa patrie avec des pouvoirs illimités, il donna un libre cours à ses inimitiés personnelles.
En 1790, il avait été condamné à une amende de dix livres par le citoyen M........, alors juge de paix, et ses assesseurs. M...... est traduit au tribunal révolutionnaire, et ce citoyen respectable, père de dix enfants, est condamné sous prétexte qu'en 1792, en contravention à la loi, il cumulait les fonctions de maire et de juge de paix.

Mon père ne pouvait avoir de vieilles haines dans un pays qu'il avait quitté à peine âgé de 18 ans, pour aller professer à Beaune en Bourgogne, dans la Congrégation de l'Oratoire, et où il n'était revenu demeurer qu'en 1791 (1), à Neuville, canton de Rœux, avec le titre et les fonctions de *curé constitutionnel.*

C'est la haine évidente de cette qualité de curé constitutionnel qui avait porté le juge de paix du canton de Rœux à prononcer contre lui une amende de six livres dans une contestation qu'il avait avec son prédécesseur pour la jouissance des chasubles et calices de l'église. Il n'y avait pas là, toutefois, de quoi éprouver ni conserver un bien vif ressentiment; il avait suffi à mon père de la réprobation unanime qui avait accueilli le jugement au moment où il avait été rendu.

Mais le juge de paix du canton de Rœux était un royaliste et un fanatique qui ne

(1) C'est donc à tort que le Rapport place la condamnation à l'amende en **1790**.

s'arrêtait jamais et ne reculait, dans son ardeur à faire prévaloir ses passions politiques et religieuses, devant aucune énormité. Après son jugement de 1791 pour empêcher mon père de se servir des chasubles et calices de son église, il avait prétendu, en 1792, et après que mon père eut quitté ses fonctions, s'imposer de nouveau en directeur suprême à cette église, et y installer d'autorité un prêtre réfractaire et perturbateur unanimement repoussé par les officiers municipaux de Neuville.

La séparation des pouvoirs solennellement proclamée par l'Assemblée constituante, s'opposait tout à la fois, et à l'autorité que le juge de paix voulait exercer dans une église, et à toute espèce d'appréciation, de sa part, des motifs du refus des officiers municipaux, lesquels ne relevaient que du pouvoir administratif (1); néanmoins, le juge de paix de Rœux entame et suit, contre les officiers municipaux de Neuville, dans l'intérêt de son protégé, la procédure la plus monstrueuse; au mépris des dispositions formelles de la loi, il les cite, *de son chef*, devant *son tribunal*..... Ceux-ci réclament la garantie due aux corps administratifs; le procureur syndic du district (c'était alors Guffroy) intervient et défend au juge de paix de continuer sa poursuite, et aux officiers municipaux d'obtempérer à sa citation arbitraire. — Le juge de paix passe outre!...

---

(1) « Les fonctions judiciaires sont distinctes et demeureront toujours séparées » des fonctions administratives. Les juges ne pourront, *à peine de forfaiture,* » *troubler de quelque manière que ce soit les opérations des corps administratifs,* » *ni citer devant eux les administrateurs pour raison de leurs fonctions.* » (*Loi sur l'organisation judiciaire, des* 16-24 *août* 1791, *titre III, art.* 13.)

Il ne restait plus qu'à provoquer sa destitution, et même une poursuite criminelle contre lui.

Le procureur syndic propose en effet au district de le dénoncer à qui de droit, et le district délibère conformément à ses réquisitions.

Mais il fallait à cette délibération la confirmation de l'Administration départementale (1), et c'est là que le juge de paix attendait ses adversaires ; cette Administration, en effet, était encore celle du 20 juin 1792, et animée du même esprit, des mêmes sentiments que le juge de paix.

Ne pouvant nier la *forfaiture*, et ne voulant pas, néanmoins, autoriser la poursuite, celle-ci se sortit d'embarras par un astucieux déni de justice ; et, sous le prétexte *que le juge de paix était saisi....*, alors qu'on lui demandait précisément de déclarer qu'il était incompétemment saisi, elle décida qu'il *n'y avait lieu pour elle à statuer !*

Et la conséquence en avait été de laisser le champ libre au juge de paix ; et ce dernier en avait profité pour mettre à fin contre la commune de Neuville son odieuse persécution ; avait accablé les officiers municipaux de citations, de condamnations, de frais de toute nature, et les avait *exécutés* jusque dans les meubles du maire !

---

(1) Il ne faut pas oublier, pour se rendre compte de tout ce gâchis judiciaire et administratif, qu'on était pour ainsi dire au lendemain de la Constitution, et que, dans le chaos de tant de lois mal connues, mal comprises et sans aucunes traditions, les autorités, en conflits continuels, ne consultaient souvent plus que leurs caprices.

Certes, on conçoit l'irritation qu'une pareille conduite avait dû soulever contre lui parmi les patriotes de Neuville, et que les motifs légitimes ne manquaient pas à mon père pour le frapper.

D'autres encore devaient venir s'y joindre.

Dès l'arrivée de mon père dans le Pas-de-Calais comme Représentant du peuple en mission, au mois de brumaire an II (novembre 1793), une des premières dénonciations qui lui furent adressées, signalait le juge de paix du canton de Rœux comme venant de renvoyer impuni un individu qui avait cassé les vitres chez le maire de Beaurains et vomi publiquement mille injures contre les autorités constituées...

Mon père s'était borné à prononcer sa destitution.

Mais le juge de paix ne se tint pas encore pour suffisamment averti; et, à la fin de prairial, *pendant que mon père était à Cambrai,* de nouvelles inculpations furent portées contre lui et contre son ancien greffier, au district d'Arras.

Le district transmit les pièces à mon père qui, cette fois, crut devoir saisir l'accusateur public.

Et comme, *depuis plusieurs mois déjà,* il avait en ses mains, et les pièces relatives à l'affaire des officiers municipaux de Neuville, que ceux-ci lui avaient remises avec prière de faire valoir leurs droits auprès du Comité de sûreté générale, quand il serait de retour à Paris, et le jugement qui l'avait condamné lui-même à l'amende en 1791, qu'il voulait joindre à ces pièces, pour mieux montrer au Comité la manie des jugements iniques et contre-révolutionnaires dont était possédé le juge de paix (1), il réunit le tout au dossier qui lui avait été envoyé du district d'Arras.

Il n'y a dans tout cela, comme on voit, aucun acte de vengeance ; la cause de la condamnation de l'ancien juge de paix du canton de Rœux était dans sa haine de la Révolution et les actes par lesquels il la manifestait en toute occasion ; sa traduction au Tribunal révolutionnaire n'a point été un acte purement spontané de mon père, mais n'a été, au contraire, que le résultat des nouvelles accusations portées contre lui et son greffier *au district d'Arras*. Si mon père eût été animé à son égard de sentiments de vengeance, il n'eût pas attendu pour les satisfaire les derniers moments de *sa seconde mission* ; il n'aurait pas choisi celui où sa lutte ouvertement engagée avec Guffroy mettait la malignité à la recherche de tous ses actes pour les envenimer et les censurer. (*Moniteur, ibid, Lett. just., n° III.*)

---

(1) La sincérité de ce récit est confirmée par le langage du Rapporteur, dans la séance du 21 messidor, où il établit, lui-même, que l'ordre *écrit* par lequel mon père s'était fait remettre la minute du jugement de 1791 était du 22 pluviôse, antérieur à son retour à Paris, qui n'est que du commencement de ventôse, et, à plus forte raison, à la dernière poursuite contre l'ex-juge de paix, qui n'eut lieu qu'au mois de prairial.

Le Rapporteur cite pareillement l'arrêté de mon père, en vertu duquel un des assesseurs de cet ex-juge de paix fut mis en état d'arrestation ; il est du 24 *ventôse*, et motivé sur le jugement rendu *contre la commune de Neuville*, en 1792. (*Moniteur, an III*, 1795, n° 296.)

§ 33.

La citoyenne D..... et sa fille lisaient sur le rempart d'Arras l'histoire de Clarisse Harlowe ; Le Bon, suivi de ses satellites, les aperçoit ; il tire d'abord un coup de pistolet pour les effrayer ; il s'approche ensuite d'elles, et veut leur arracher le livre qui les occupe. La jeune citoyenne dit à sa mère : « Donnez ce livre, il n'est pas suspect. » Le Bon, prenant ce mot pour une injure, donne un coup de poing à la jeune personne, et la renverse. Il ordonne aux deux femmes la remise de leurs portefeuilles ; elles obéissent. Le Bon fait *déshabiller la plus jeune*, visite ses effets avec la plus indécente brutalité, et s'avilit au point de conduire lui-même en prison les victimes de sa férocité.

Le lendemain, il crut devoir les rendre à la liberté.

C'est une histoire contemporaine de celle de la femme aux 25 francs, et arrangée dans le même but ; nous avons vu comment la Commission des 21 a été obligée de démentir la première ; le simple bon sens montre qu'il faut retrancher de la seconde les détails à l'aide desquels on a voulu la rendre odieuse.

Comme l'a dit mon père à la Convention, on aurait mille traits semblables à raconter de lui, s'il avait pu commettre celui qu'on lui reproche ; car ce serait véritablement l'acte d'un fou que d'aller, sur un rempart, en plein jour et devant le monde, se précipiter *sans motif* sur deux femmes, leur arracher leurs livres, les frapper et les faire déshabiller.

La vérité, c'est que les deux femmes D....... n'étaient pas occupées, comme le dit la Commission, à *lire Clarisse Harlowe* sur le rempart, mais bien à faire des signes devant la maison d'arrêt, avec des brochures. Mon père, qui était à deux ou trois cents pas d'elles avec d'anciens professeurs, ses amis, que la Commission appelle ses *satellites*, voulut savoir ce que c'était que ces livres avec lesquels elles faisaient ces signes, et alla à elles ; la mère remit le sien sans difficulté, mais la fille sauta dessus pour s'en saisir, et mon père, en voulant la repousser, la fit tomber assise sur le banc de pierre qui était derrière elles.

Cette résistance et des notes nombreuses dont les livres étaient surchargés, et dont le sens n'apparaissait pas bien nettement, augmentèrent les soupçons de mon père, qui

— 62 —

fit fouiller les deux femmes, exigea qu'elles remissent des portefeuilles dont elles étaient également porteurs, et les fit entrer jusqu'à plus ample examen dans la maison d'arrêt, vis-à-vis de laquelle le fait se passait.

Et, le lendemain, comme le dit le Rapport, elles furent mises en liberté.

Quant au coup de pistolet, ce n'est pas mon père qui l'avait tiré, et il ne faut pas oublier que les femmes D....... étaient à trois cents pas de distance. (*Moniteur, même séance, n° 297.*)

§ 34.

| La famille d'une jeune citoyenne fut incarcérée parce que, ne connaissant pas Le Bon, qui lui demandait où elle allait, elle répondit : « Qu'est-ce que cela vous fait ? » | La famille Gérard était étrangère dans Arras ; la mère et la fille traversaient la grande rue en faisant des gestes qui attiraient sur elles l'attention. Mon père les fit entrer au Comité de surveillance pour savoir qui elles étaient et d'où elles venaient. La fille ne put dire où elle avait demeuré depuis trois ans ; la mère fit des réponses contradictoires ; enfin, on sut que le père servait dans un régiment de chasseurs rempli d'émigrés. C'est ce qui motiva l'arrestation de cette famille, et non une réponse plus ou moins polie qui aurait été faite à mon père. (*Moniteur, ibid.*) |

§ 35.

| Guffroy avait dénoncé Le Bon à la Convention nationale ; Le Bon rassemble les communes voisines au temple de la raison, et ses agents col- | Il est faux que la commune de Cambrai ait refusé de prendre part à cette manifestation en faveur de mon père ; et la preuve |

portent et font signer une pétition dans laquelle on approuve sa conduite et l'on accuse celle de Guffroy.

La commune de Cambrai se refusa à signer cette adresse.

en est au *Moniteur,* où sa pétition est consignée (1). (**11** *messidor an **II**, n° **281**.*)

Voici comment elle est rapportée :

« Un citoyen, admis à la barre, présente
» l'adresse suivante :

» La Société populaire, républicaine et
» régénérée de Cambrai, unie à un peuple
» immense !

A la Convention nationale :

» Citoyens Représentants, la Société po-
» pulaire et toute la commune de Cambrai
» nous envoient vers vous pour vous demander
» que Joseph Le Bon, Représentant du
» peuple, soit conservé dans leurs murs.
» Depuis qu'il y est, il n'a cessé de faire le
» bien et d'*en purger les factieux.*

» Avant son arrivée, les ennemis exté-
» rieurs savaient tout ce qui se passait dans
» la place, ce qui rendait presque toujours
» nos sorties infructueuses ; tous les jours,
» l'ennemi venait fourrager jusque dessous
» nos murs ; à peine Joseph Le Bon y est-il
» arrivé, que les Autrichiens s'en éloignent.

» Les monarchiens, les traîtres, les aristo-
» crates connus sont incarcérés, les ennemis
» de toute espèce livrés au glaive de la loi,
« et les patriotes opprimés rendus à la
» liberté.

» Il protège et honore la vieillesse indi-
» gente et malheureuse ; il pratique toutes les
» vertus que vous avez mises à l'ordre du
» jour, les fait pratiquer et aimer.

» Nous venons vous demander, citoyens

---

(1) La dénonciation de Guffroy contre mon père à la Convention nationale avait eu lieu le 6 messidor.

QUATRIÈME CHEF.
Vols et dilapidations.
§ 36.

Diverses pièces accusent Joseph Le Bon de s'être emparé des diamants appartenant à plusieurs comtesses tombées sous le glaive de la loi. Cependant Le Bon a donné un état du mobilier de ces femmes dans lequel des diamants sont compris; il prétend que ces diamants sont ceux qu'on l'accuse de s'être appropriés.

Le Bon s'est établi dans la maison d'un père de famille dont il avait fait guillotiner la femme; il s'est emparé de tout le mobilier de ce citoyen, sans inventaire.

Il avait augmenté le traitement des juges et jurés et de ses autres agents : cependant il mettait en réquisition pour leur usage les vins, les farines, les effets et même les maisons des particuliers.

D'autres pièces annoncent que le trésor public était dilapidé par Joseph Le Bon; qu'il y trouvait le moyen de salarier ses créatures.

Les aliments destinés aux détenus étaient distribués aux habitués des tribunes de la Société populaire.

Voilà les principaux faits dont l'examen des pièces à la charge de Joseph Le Bon a donné connaissance à votre commission.

Votre Commission m'a chargé de vous déclarer que tous ses membres estiment qu'il y a lieu de décréter d'accusation le Représentant du Peuple Joseph Le Bon.

« Représentants, que vous vouliez bien nous
» conserver le Représentant Le Bon dans
» nos murs, pour y achever le bien qu'il y
» a si heureusement commencé. C'est le vœu
» de tous les signataires ci-joints. »

Suit une foule de signatures.

Quel langage! quel rôle pour des Représentants du peuple! pour une Commission de la Convention, remplissant une mission judiciaire!!

Aucun doute n'était plus permis sur cette imputation faite à mon père par Guffroy, dans ses libelles, *du vol d'un collier de diamants provenant de la succession de la comtesse de R........;* le collier avait été retrouvé intact sous les scellés.... Mon père en justifiait par la représentation d'une copie authentique de l'inventaire.... Que restait-il donc à faire qu'à désavouer cette infame invention, et à faire la plus juste réparation à un citoyen, à un collègue odieusement diffamé?

On voit, au lieu de cela, dans quels termes ambigus et perfides s'explique encore, à cet égard, la Commission des vingt-et-un, et comme elle épuise tout l'art des réticences et de la dissimulation pour laisser encore subsister une accusation qu'elle n'ose plus soutenir....; ce n'est plus d'un *collier*, ce n'est plus de *la comtesse de R........* qu'il s'agit, c'est de *diamants* de *plusieurs comtesses* qu'on ne nomme pas; et l'inventaire authentique, rapporté par mon père, n'est plus qu'un *état du mobilier de ces femmes!*...

La Convention finit par avoir honte de sa

Commission; et, à la simple annonce du Rapporteur qu'il allait entrer dans la lecture des faits relatifs à ce quatrième chef, elle l'interrompit en criant : « *C'est inutile, il s'en est justifié!*.. (*Moniteur, ibid., Lett. justif.*, n° *VI et VII, in fine.*) (1)

J'ai déjà répondu, au surplus, aux imputations qui suivent celle du vol de diamants, dans la discussion du § 12; ces imputations se rapportent toutes au séjour de mon père et du Tribunal révolutionnaire à Cambrai, à l'exception de ce qui concerne *les aliments des détenus*, dont je me suis occupé au § 24.

J'ajouterai que, dans sa sixième *Lettre justificative*, mon père a établi qu'il n'avait tiré du trésor pour dépenses extraordinaires, pendant les huit mois de ses deux missions, y compris son séjour à Cambrai avec la section du Tribunal révolutionnaire, que la somme totale de **29,400 francs**.

---

(1) Le 4ᵉ chapitre du Rapport fut, en conséquence, retranché de l'acte d'accusation, ainsi qu'on peut le voir au *Bulletin de la Convention*, n° 1015, où l'acte d'accusation est consigné.

FIN.

www.ingramcontent.com/pod-product-compliance
Lightning Source LLC
LaVergne TN
LVHW051503090426
835512LV00010B/2312